小学校国語

論理的に考える子どもを育てる
説明文・文学の読み方指導

長谷川祥子
小川智勢子
西山悦子
渡辺真由美
編著

はじめに

国語科授業の多くは、読み方の学習指導です。本書は説明文と文学の読み方指導について、定番教材で実際の授業の進め方を示しながら、説明しています。説明文と文学との性質は全く異なるため、それぞれの学習内容を明確化することが重要です。説明文には「記録・報告・説明・論説」という種類があり、文学は物語・小説・詩歌などが含まれます。説明文の読み方と文学の読み方には、基本的な学習事項がそれぞれあります。これらを系統的に繰り返し教えると、指導経験上、子どもの論理的思考力が育ち、読む力が向上します。

他教科と国語科とは、教科書の文章の役割が違います。社会科・理科等の教科書の文章は、語句・内容の一つ一つが学ぶべき知識となっています。そのため、内容の列挙や整理を通して、知識を身につける学習指導を行います。これに対して、国語教科書は「話すこと・聞くこと」「書くこと」「読むこと」の能力を高める材料としての文章です。この考え方によって、本書は組み立てられています。日本語の語句や文章の特質を生かした読み方授業の進め方を記述しました。

第1章の読み方の学習方法に基づき、第2、3章は定番といわれる説明文と文学を各学年1編ずつ載せ、4時間以内の学習内容をセリフで示しました。追試験をしていただければ幸いです。

二〇二三年四月

長谷川　祥子

本書の特色

小・中学校国語科は教科書ごとに、説明文、説明的な文章、説明する文章といった呼称が載っています。高等学校国語教科書は説明文という用語はあまり使われず、実用的な文章や論理的な文章と示されています。本書では、これらの呼称をまとめて、「論理的文章」と呼ぶことにします。

本書の特色は次のようなものです。

1　本書は、一貫した読み方指導を提案しています。論理的文章の読み方では「文章構成」「段落とキーワード」「事実の書き方」を学習事項として重視しています。それに対して、文学的文章の読み方では「作品の構成」「人物像の変化」「描写」という学習事項になっています。

2　各学年1編ずつ載せた論理的文章教材と文学的文章教材では、主な発問・指示・説明をセリフで記述しました。授業の発問等は授業者のセリフが学習効果を左右します。発問等をセリフで表記すると、その効果が安定します。また、セリフがあることで、実際の授業の中で教材研究の成果を考えることができます。

3　第2、3章は、30人程度の児童が一斉学習している場面を設定して、説明しています。読み方学習の基盤に一斉音読を置いて、授業の初めと終わりに取り入れています。

4　1教材にしか通用しない固有の読み方ではなく、他の教材にも活用できる、普遍性のある読み方指導を目指しています。

目次

第2章　授業実践─論理的文章編─

各教材は、以下の構成で解説されています
1　教材の特徴
2　文章構成
3　学習目標
4　学習計画
5～　各時の学習
＋同様に学習できる他の教科書教材

第１章

読み方には、論理の読み方と文学の読み方がある

1　国語教科書

国語教科書は他教科の社会、算数、理科などの教科書と記述内容の性質が違います。社会、算数、理科などの教科書は学習内容そのものが記述されています。それに対し、国語教科書は教材の文章が記述されていて、学習内容が記述されていない、という特性があります。

算数は教科書に書いてあるとおりに授業を進めると、学習活動が成立する組み立てになっています。社会や理科なども同様です。

国語教科書は様々な文種の見本としての文章が集められた教材集です。国語科の教材は文字によって書かれた文章が中心です。その他には図・表・グラフ・絵・写真などが教材となります。そして、学習内容は授業活動にあらわれます。一つ一つの教材文は小学1年の単純な文章であっても、事物や現象を抽象化した言語とし、さらにその言語を抽象化して文字で表すため、大変抽象度が高いのです。その学習は、小学1年から記号を読み解いていくという性格をもっています。

小学5年の国語教科書「大造じいさんとガン」（光村図書）の学習目標は「すぐれた表現に着目して読み、物語のみりょくをまとめよう」とあります。教材の後に「学習」という手引きがありますが、文章を読んでからの発問・指示・説明のセリフなどは、授業者自身が工夫します。音読の仕方、難語句の説明、あらすじの確認、登場人物の整理、会話の役割、語り、情景描写、人物描写、人物像の変化等、全て授業者の発問・指示・説明に頼っています。

2 「九歳の壁」という論理的思考の壁が存在する

(1) 四段階の壁

乳幼児期から小学生にかけての言語能力を獲得していく過程とは、論理的思考が身についていく過程と考えることができます。この考え方に従って、岡本夏木は言葉の発達過程を現象的に「Aことば以前―ことばの胚胎（生後一年半程の間）」「Bことばの誕生期―話し始め（一歳後半頃から）」「C一次的ことば期―ことばの生活化（幼児期から小学校の低学年頃）」「D二次的ことばの使用期―ことばのことば化」という四つに区分しています（岡本夏木（一九八五）『ことばと発達』岩波新書）。

岡本夏木は「二次的ことばのもつ内容」が聾(ろう)教育における「九歳の壁」の発生を考えていく際、「二つの観念」を提供できるのではないかといいます。この「九歳の壁」は、脇中起余子（二〇一三）によると、「特に聾学校で昔から指摘」されて、「さまざまな方法で言語指導」が行われました。しかし、「九歳の壁」の現象は今なお多くの課題を残しているといいます（『9歳の壁』を越えるために―生活言語から学習言語への移行を考える―』北大路書房）。「一次的ことば」から「二次的ことば」に移行する段階で「九歳の壁」が存在すると捉えることができます。

岡本夏木は「健聴者」においても同様に年齢的に「二次的ことばの世界へ参入を求められる子どもたちを待ちうけている苦難」（『ことばと発達』前出）が存在すると述べています。これは、九歳の段階では抽象能力の境界線が存在すると想定すると、よく分かります。一般の子どもは七、八歳頃から具体的事物や現象を観察しながら自分なりの感想や仮説をもつことができるようになってきます。

言語能力を獲得していく過程で、岡本夏木は三つの壁を設定しました。これらの壁の設定は、言語能力の獲得という過程を考察する上で大変有効でした。

一方、村井潤一は「合理的精神は、平均的には九歳ごろの発達水準に達したときに、現実的有効性をもって出現する」（村井潤一（一九九九）「人間の発達」中島誠・岡本夏木・村井潤一『ことばと認知の発達』東京大学出版会）と述べ、抽象能力が発達する時期を九歳頃と規定しています。「四つの山」（「8ヵ月～13ヵ月・3～5歳・9～13歳・20～25歳」）を提案していますが、三つ目の山である「9～13歳」を一まとまりとするのは、大ざっぱすぎます。ここは小・中学生を指導した経験から、「7～10歳」「11～15歳」という二つの山に分けて考えた方がよいと思われます。中学生は抽象能力が著しく伸張する時期があり、これが「11～15歳」の山です。

岡本夏木や村井潤一に対し、「一歳の壁・三歳の壁・九歳の壁・十二歳の壁」という四つの壁を独自に想定しました。「壁」とは、ある段階から一段高い段階に達するときにあらわれる障害と定義しています。二十歳までの言語能力を獲得していく過程では、次に述べる四段階の「壁」があるようです。

「一歳の壁」（意味ある言葉）……〇歳から一歳までに表れる第一の壁
「三歳の壁」（基本的な日常言語）……三歳から五歳までに表れる第二の壁
「九歳の壁」（事実と感想の区別）……七、八歳から九歳までに表れる第三の壁
「十二歳の壁」（根拠に基づく主張）……十一、十二歳から十五歳までに表れる第四の壁

（2）「九歳の壁」を乗り越える学習とは

「九歳の壁」が出現するのは、七、八歳から九歳です。この壁は、基本的な日常会話を話すことや聞くことのできる段階から、複数の事実・現象と感想とを組み合わせて表現できる段階に達する頃に出現します。小学校時代はこの「九歳の壁」を中心にして、抽象能力が伸張していきます。そのため、小学校国語科授業の責任は大きく、一層の授業改善が求められます。

この時期の子どもは、動植物を観察しながら記録と感想との書き分けができます。また、同じ学級で、隣に座っている友達がインフルエンザになり、前に座っている友達もインフルエンザになったら、自分もインフルエンザになるかもしれないという推測ができるようになります。これに対し「九歳の壁」を乗り越えることのできない子どもは、具体的事実と個人の感想との区別ができず、原因と結果が正確に結びつかなかったり、上位概念と下位概念の違いが理解できなかったりします。

「九歳の壁」を乗り越えるためには、事実や現象とそれに対する判断とを結びつける学習を繰り返し行うことが大切です。論理的文章を読み、それを書くという活動は、心理的に大きな意味がありま す。特に、書くという活動では、自分の経験を言葉で整理し、まとまった現象として認識し、その現象をいくつか束ねて、自分の考察の裏づけとする、という経験を確認します。そして、それを目に見える形に記録します。その記録した文字や文章は客観的な存在として、誤りの訂正や、詳しい記述への書き直しができます。また、友人や先生が書いた文章に感想を述べることもできます。こういう活動を伴う学習が、自分の経験を客観視し、他人の感情を自分の感情と対置させる練習になります。

(3) 論理的思考の壁を乗り越える学習事項

初めて出会った人同士でも相手の意思や行動の原理を理解できます。これは言葉が社会共通の枠組みになっているからです。このことから、言葉による思考とは全て論理的思考であると考えることができます。学校教育の役割は全教科を通して社会生活に必要な言葉の教育を行うことです。言葉の教育とは論理的思考の教育といい換えることができます。国語科はこのような論理的思考の基盤となる言葉についての学習を系統的に指導する教科です。

論理的思考の発達を考えると、「九歳」は最も重要な「壁」です。この壁を乗り越える学習では、論理的文章を読み、それを表現する指導が要となります。以下、学習事項を示します。

① 論理的文章を「読む」

ア 論理的文章の構成や、各段落が固有の役割をもっていることを知る。

イ 一段落一事項の原則や、事実の詳しい書き方を知る。

ウ 上位概念と下位概念の関係を理解する。

② 論理的文章を「書く」「話す」

ア 具体的事物や現象を観察しながら、自分なりの感想や仮説を表現する。

イ 自分の経験を言葉で整理し、まとまった現象として認識し、それらを複数束ね、自分の考察の裏づけとした文章を書く。

③ 「話し合い」……作品や友人等の書いた文章について、感想を話し合う。

3　論理的文章と文学的文章とは性質が違う

論理的文章と文学的文章を対照させると、それぞれの性質の違いが明確になります。そして、それぞれの学習方針を決めることができます。文章の種類・単語・文・文章の単位・文体・文章構成（形式）という項目ごとに、次のような表にまとめました。

項目／文章	文章の種類	単語	文	文章の単位	文体	文章構成（形式）
論理的文章	記録 報告 説明 論説	概念・定義の明確なキーワード	主語・述語・目的語等で成立する正確な構文	段落	明確に断定的な記述	文章構成が決まっている。「序論・具体的事例・考察・結論」
文学的文章	物語 小説 詩歌等	日常的な単語	実感表現のため、省略、婉曲等の表現技巧	場面	豊かな余韻 否定表現の尊重	江戸時代までは物語（はじめ・なか・おわり）・詩（五・七・五・七・七）など、形式が決まっていた。 明治以降は形式も個性の表現と見なして、定型を嫌う。

この表のように、論理的文章と文学的文章では性質が全く異なります。そのため、文章ごとに学習方法やその内容を明確化していくことが重要です。

国語科の指導理論には、三読法、一読総合法、文芸研、基本的指導過程、課題解決学習等があります。そして、これらは文学的文章の「読むこと」の授業が中心です。心情や主題を追求する、言葉の説明に終始する等の鑑賞授業でした。文学作品に対し自分の考えを話す学習や、自分の考えを論理的に書く学習はあまり存在しないといってよいでしょう。

4　論理的文章を「書く」ために「読む」

前ページに述べたように、論理的文章と文学的文章は性質が全く異なります。文章を大きく二種類に分けて、学習内容を整理すると、次の表のようになります。

学習内容	論理的文章	文学的文章
教材を「読む」	○（「書く」ための手本）	◎
文章の感想を「話す・聞く」	◎	◎
文章を「書く」「話す」	◎	―

国語科授業では、論理的文章と文学的文章とは異なる機能や性質をもっているという考えから、学習過程を区別して設定します。語句と文章を説明することに重点を置いていた学習から脱却する必要があります。

論理的文章は「読む」学習から、「話す・聞く」「書く」学習までを組み合わせ、指導していくことが重要です。さらにいうと、論理的文章を「書く」ための「読む」学習指導が必要です。

それに対して、文学的文章は楽しく「読むこと」が大切です。文学作品を音読し、いくつかの学習事項を確認した後、作品の感想を話し合って終わるという学習を勧めています。文学作品の形式は自由で、個性的な表現を尊重します。論理的文章と文学的文章では書く目的や、目指す文章観が異なります。文学的文章を「書くこと」や「話すこと」は芸術の領域になるので、国語科授業の範囲を超えています。授業外の放課後の活動などで取り組むと、児童も意欲的に参加できます。

5 「音読」を読み方指導の基盤に位置づける

小・中・高等学校の十二年間を通し、国語科の教材文は全て音読指導が必要です。学習の課題、めあて、説明も全て音読します。速くすらすら読むことができる児童は、文章の内容を理解している証拠になります。読み方指導の中核に音読を置いて、授業の初めと終わりに、「全文を声に出してそろえて読みましょう。ハイ」という指示による一斉音読指導を位置づけます。

「範読」では文章を淡々と読み、授業者の個性的な読み方を押しつけません。範読をしながら、新出漢字の読み方や難語句を簡単に説明します。

一つの教室の児童全員がどの教科でどの程度の学力があるかを、すぐに判定できる方法があります。それは教科書の音読です。国語、社会、算数、理科等の教科書のどれか一つを机上に出します。そして、既習部分を開き、文章の最初の5、6行を一人一人が音読してみるのです。座席順に数人すらすらとよどみなく正確に音読したら、百点満点です。それに対して、児童全員がしどろもどろの音読だったら、授業者がどれほどりっぱな授業や話をしていようと、0点です。日本語の学習成果は児童の音読能力に典型的にあらわれます。

6　論理的文章の読み方の学習事項

これまでの論理的文章の読み方指導は、語句・文章の断片的な説明に終始していました。段落の役割や効果、事実の提示と法則性の関係など、論理的文章の全体像を捉える読み方に気づかせる指導はあまり行われてきませんでした。その結果、論理的文章の学習は学年が進むと、文章中の言葉が抽象化し、学習自体の目標が明示されることがほとんどありませんでした。

これに対して、今後は論理的思考力による発信を目標とする教育が必要ですから、「書く」ために「読む」という学習指導を目指すことが重要です。「書く」ために「読む」という学習目標を設定すると、学習過程や学習内容の全体像が明確になります。段落の役割や効果を明らかにし、事実の選ばれ方を考え、事実と考察の関係を推測し、法則性を見出す過程では、論理的思考力をフルに活用することになります。この学習で段落は意味段落で指導する必要があります。

子どもに論理的文章を読ませる意義の第一は、「解釈の仕方」を学ばせることではなく、論理的な「考え方を教える」ことです。

(1) 論理的文章の読み方は科学論文の書き方指導書に学んだ ―「文章構成・段落とキーワード・事実の書き方」―

論理的文章を科学論文の形式を備えた論文と規定すると、その読み方・書き方では科学論文の書き方が示唆を与えてくれます。科学論文の書き方指導書は現在、かなりの数が出版されています。そのうちの代表的な書籍を検討した結果、小学生が論理的文章の読み方・書き方で、学習の効果が期待できる基本的な事項を含んでいることが分かりました。

最も参考になった書籍は、一九二九（昭和四）年の初版刊行以後、支持を得ている田中義麿・田中潔『科学論文の書き方』（裳華房）、及びその後継書『実用的な科学論文の書き方』（裳華房、一九八三年）、『手ぎわよい科学論文の仕上げ方　第2版』（共立出版、一九九四年）です。科学論文を構成する要素には、「文章構成」「段落とキーワード」「事実の書き方」があります。これらを論理的文章の読み方の学習事項に援用することにしました。次に読み方の学習事項を示します。

① 論理的文章の構成を理解する。
② 段落の役割や効果に気づく。
③ キーワードの機能や、一段落一事項の原則を知る。
④ 論理的思考の組み立て（複数の具体的事例と考察の関係）を理解する。

⑤　事実の書き方を知る。

（2）論理的文章の構成

科学論文は次のような一定の形式で書かれています。

①　題名（「結論」の紹介）
②　序文（論文の概略・要点）
③　研究方法（実験・調査等の具体的内容）
④　結果（実験・調査結果の整理）
⑤　考察（実験・調査結果の解釈）
⑥　結論

これら科学論文の内容の順序が、論理的文章の書き方そのものになっています。このうち「④結果（実験・調査結果の整理）」から「⑤考察（実験・調査結果の解釈）」の関係が帰納論理の、自然科学の思考法を示しています。

実験・調査結果の整理（複数の実験・調査を行い、記録する）
↓　帰納論理の思考
考察（一つの性質を確認する）

帰納論理の思考法とは複数の具体的事例によって、それまで未知だった一つの性質を推論する思考法です。自然科学は領域ごとに推論の方法を研究し、精密に測定したり、具体的事例を豊富に獲得したりして、大きな成果をあげています。

この推論の方法を論理的文章の形式に応用し、組み立てると、初歩的な推論法を示す文章形式となります。

複数の具体的事例

↓

考察（複数の具体的事例に共通する性質を一つ記述する）

右の形式を備えた文章を論理的文章ということができます。その形式の基礎として、次の四つの要素を認めることができます。

はじめ　①（序論）述べる対象のあらましを記述する。
なか　②（本論）具体的事例のいくつかを詳しく書く。
まとめ　③（考察）複数の具体的事例に共通する性質を述べる。
むすび　④（結論）共通する性質の価値を、主張として述べる。

（3）段落とキーワード

論理的文章の思考の単位（まとまり）は段落です。段落がいくつか集まって、「はじめ（序論）」「なか1（具体的事例1）」「なか2（具体的事例2）」……「まとめ（考察）」「むすび（結論）」等の内容を形成します。思考の単位（まとまり）ですから、一つの段落の中心となる言葉は一つです。一段落の中心となる言葉をキーワードといいます。

田中潔は「1パラグラフは一つの話題だけを含むもの」（『実用的な科学論文の書き方』前出）とパラグラフの概念を規定しています。物事を正確に論理的に考え、表現するためには、思考の対象を周囲の雑多なものから切り離して、独立させる必要があります。独立させると、初めて固有の名称をつけることができます。この一つの話題をキーワードとし、一つの述語とともに一段落に一つ置くという原則が、論理的文章の条件です。このことを小・中学校国語科授業で指導することがほとんどありません。それは国語教科書の論理的文章教材が読みやすさを優先させるため、短い形式段落が多用され、一つの段落で一つのキーワードを指定できない文章が多いからです。このようなわけで、本書では形式段落ではなく、意味段落で指導します。

(4) 事実の書き方

研究方法や研究結果の書き方について、田中潔は自然科学の研究で最も多く使われる研究方法は実験で、次いで自然の観察や調査がある（『手ぎわよい科学論文の仕上げ方　第2版』前出）と述べています。研究方法は、他の研究者が同じことを追試できるように、正確に記述する必要があるとし、「研究方法は日常の仕事の記述にすぎないため、書きやすい反面、うっかりすると必要事項を書き落とす。それを防ぐためには、小項目に分けてぬかりなく述べていく」とよいと説明しています。

研究結果の記述の注意点は、結果の内容を「いくつかの項目に分けることができるならば、まず分類して各項ごとに書く」ことを挙げています。項目に分けて正確に事実を記述するという方法は、具体的事例の書き方といえます。

(5) 論理的文章の種類

論理的文章はおおよそ「記録・報告・説明・論説」の四種類に分類できます。現在の教科書四社全ての教材を調べたところ、小学1年から4年は「報告・説明」、5・6年では「報告・論説」が多くを占めています。本書第2章では「教材の特徴」で種類を示しています。四種類の説明は次のとおりです。

記録は、観察した事実を時間どおりに語句、文などで記述したものをいいます。日記、日誌、観察記録、実験記録がそれです。

報告は、観察、記録等を組織的に組み立てて、新しい一連の現象、事象の意義を述べたものをいいます。レポートともいいます。自然科学の論文は全てこれで、自然科学の分野ごとに専門誌が存在して、文章の形式が決められています。これらに共通している形式は「はじめ・なか1・なか2・なか3・……・まとめ（考察）」です。事実の記述は文章、写真、スケッチ等があります。新事実の発見報告が最も尊重されます。新事実の発見を追試・確認した報告も尊重されます。

説明は、新製品、新機能をだれにも分かりやすく記述した文章等で、プレゼンテーションといわれることもあります。「はじめ・なか1・なか2・なか3・……・まとめ」の形式が多いです。

論説は、記録、報告による事実を数多く記述して、その要約の後に筆者の主張を述べたもので、新聞社の社説、月刊雑誌の論説記事、経済学、教育学、社会学等の論文等がそれです。「はじめ・なか1・なか2・なか3・……・まとめ・むすび（主張）」の形式が多いです。

7　文学的文章の読み方の学習事項

文学的文章の本質はストーリーと文体です。物語・小説の文体は主に三種類（語り、描写、会話）から成り立っています。授業者は物語・小説の文体の効果や役割をよく研究した上で、課題を設定すると子どもが喜んで学習に取り組むようになります。

物語・小説の学習事項には「作品の構成」「人物像の変化」「描写」などがあります。

(1) 作品の構成

物語・小説をいくつかに区切って「呼び名」をつけます。その区切った場面ごとに授業をまとめていきます。この指導によって子どもは物語・小説の構成に気づきます。指導経験上、五つがよいです。

(2) 人物像の変化

物語・小説で主人公の人物像（外観・思想・生き方等）は初めと終わりで変化します。主人公はクライマックス（最高潮）で変身し、その変化の過程に物語・小説の主題（テーマ）が表現されています。

(3) 描写

昔話（伝承物語ともいう。グリム童話など）では、初めでもクライマックス（最高潮）でも終わりでも、いつも淡々と同じ調子で話が進む「語り」の文章で構成されています。これに対して、近代以降の小説は、読者がその情景を目の前で見ているような思いにさせる文章「描写」が進化しました。文学的文章の華は描写であるともいえます。

小説では、その背景として自然の美しさを絵のように描く自然描写があります。また、人物の服装、外観、動作などを詳しく描いて、個性的な人間像を目に見えるように描く人物描写や、ストーリーの舞台等を描き、登場人物が活躍する場面を目に見えるように描く情景描写などがあります。

人物像の変化や、描写を読む楽しみを知るという学習事項を設定すると、社会に対する思想を表現している等の抽象的な読み方から、子どもの感想を具体的な表現に転換していくことができます。

8 1教材4時間以内の学習計画とする

文章を細かく調べすぎたり、時代背景を詳しく説明しすぎたりすると、子どもが文章を嫌いになることがあります。1教材にかける時間を短く切り上げる方が、子どもは自分の文章に、教材文で学んだ表現を応用する、というように文章を立体的に身につけようとします。授業者が教材文に対する自分の研究成果を語らず、子どもにより多く語らせる授業に改善することが一層必要です。

地域によっては、教師用指導書に示された授業時数しか認めないという学校があります。教師用指導書の授業時数は35週間、学校生活を理想的に過ごす状況が前提です。実際の学校生活では必然的に時数が不足します。教師用指導書は一つの案と考え、1教材、4時間以内の計画にしてみてください。

9　発展教材の位置づけ

国語教科書は主な教材のごく一部分が掲載されています。国語教科書を使用して、授業者が自分の研究の成果を大いに発揮できるという利点があります。教科書教材を教えていれば、指導が十分に満たされているということではなく、教科書教材は児童の学習に必要な教材の最低限の量と考えてください。教科書以外の文章を補助・発展教材として必ず扱うことが大切です。付加する教材があって読書指導が成り立ち、初めて国語科授業が完成します。国語教科書の教材文だけを十数時間かけて授業をして、一単元を終わる授業は貧しい授業なのです。

「大造じいさんとガン」（小学5年）の学習では椋鳩十が書いた他の作品を数編（「片耳の大鹿」「マヤの一生」「山の太郎グマ」など）を少なくとも授業者が読んでおく必要があります。そこから1、2編を子どもに読み聞かせるとよいです。授業者自身の読書量が子どもの読書活動を左右し、本をよく読む先生が読書好きの子どもを育てるということです。

10　低・中・高学年の読み方指導の特徴

(1)　1・2年の読み方指導

１・２年の音読は１分間に250～300字程度の速さで教材をすらすらと読みます。授業者による正確な範読後、一斉音読をします。繰り返し一斉音読をすることで、文字・語句・文章の読み方を習得することができます。

論理的文章の指導では１・２年から段落という用語を教えます。１・２年は意味段落を線で区切り、文章構成を確認します。意味段落ごとのキーワードを探すことで、内容の大体を理解します。表にまとめるときは、板書を書き写すことや、ワークシートの使用が考えられます。１年の「じどう車くらべ」「どうぶつの赤ちゃん」（光村図書）は意味段落のキーワードが明確で見つけやすい教材です。

文学的文章の指導では昔話、神話・伝承、物語の大体を理解し、感想を発表します。場面ごとに音読し、五つの場面に分けて名前をつけ、あらすじをまとめます。主人公の変化とそのきっかけを児童に考えさせる発問や指示をすることで、文章の大体を理解することができます。最後に、教材に関連する本を紹介すると、児童の読書に対する意欲が高まります。

(2) ３・４年の読み方指導

３・４年は、１分間に300～350字程度の速さで本文をすらすらと読めるように一斉音読の指導をします。論理的文章も文学的文章も同じように句読点で休まずにすらすらと音読します。

すらすらと読めるようになったら、論理的文章指導では段落に番号を振り、文章構成を確認します。３年の論理的文章は意味段落と形式段落が一致する教材が比較的多いです。４年になると文章が長く、一段落一事項になっていない段落もあるなど課題があります。長文の論理的文章も、各段落のキーワードを取り出して、文章構成表に整理することで内容の理解が容易になります。

3・4年の文学的文章には、伝承物語や創作物語があります。4年の「ごんぎつね」「一つの花」は全教科書に掲載されている定番教材です。「ごんぎつね」に代表されるように、3・4年の文学的文章では語りだけでなく、描写がみられるようになります。人物描写や情景描写を見つける課題を設定すると、文学的文章の楽しさを実感できます。

(3) 5・6年の読み方指導

5・6年では、1分間に350～400字程度の速さですらすらと読めるように一斉音読の指導をします。難語句が増える5・6年の一斉音読は、時間がかかっても毎時間位置づけることが必要です。

5・6年の論理的文章は、環境問題や伝統文化などの話題がテーマとなり、文章も長いため内容理解が困難になっています。これらの教材には、テーマに対する興味関心を喚起し、新しい知識やものの見方を身につけさせようという意図がありますが、内容理解に力を入れるのではなく、論理的文章の読み方を重視した指導が必要です。

5・6年の文学的文章は、語りと描写の文章で物語が展開する創作物語がほとんどです。「大造じいさんとガン」では、山場に優れた描写があり、主題が表現されています。「やまなし」や「海の命」などの作品は、状況や背景の説明がなく作品が展開していくため、描写がイメージするものを実感しにくくなっています。描写の読み方を知ることで、中・高等学校以降の本格的な小説を楽しく読むことができるようになります。

第2章

授業実践
―論理的文章編―

1年

じどう車くらべ

光村図書

1 教材の特徴

(1)「はじめ」「なか1・2・3」という構成の「説明」の文章である。

(2) 形式段落と意味段落とは一致していない。意味の分かりやすさを優先しているため、形式段落が多用されている。

(3)「はじめ」の段落に「じどう車」の「しごと（役割）」「つくり（機能）」の観点が示されているため、「はじめ」「なか」の段落をその観点で読むことができる。

(4) 1年の教材文として、三つの具体的事例は学習指導上、適切な数である。

(5)「なか1」のキーワードは「バスやじょうよう車」という二つの語句が入っている。どちらか一方をキーワードにした方が学習指導上、分かりやすい。

2　文章構成

形式段落	意味段落	文章構成	段落の役割	キーワード
1〜3	一	はじめ	概要	いろいろなじどう車
4、5	二	なか1	具体的事例1	バスやじょうよう車
6、7	三	なか2	具体的事例2	トラック
8、9	四	なか3	具体的事例3	クレーン車

3　学習目標

(1)　音読を繰り返して、読み方に習熟している。
(2)　必要な語句や文を探し、意味段落のキーワードを取り出している。
(3)　意味段落ごとに、自動車の「しごと」と「つくり」を整理している。

4　学習計画（3時間扱い）

「第1時」(1)　全文を一斉音読する。

(2)「はじめ」「なか1・2・3」という文章構成を確認する。
「第2時」(3)意味段落ごとのキーワードを話し合い、意味段落の役割を理解する。
「第3時」(4)具体的事例に書かれた車種を整理し、学習内容をノートに書く。

5 第1時の学習

(1) 第1時の学習目標……音読を繰り返して、読み方に習熟している。
(2) 第1時の主な発問・指示・説明

1〈指示〉今日から「じどう車くらべ」を学習します。題名を読みましょう。**本時の学習内容の提示**〈題名を大きくはっきり板書する。〉

2〈指示〉先生が文章を読みます。皆さんは教科書を見ながら聞きましょう。**第1形式段落の範読**〈1分間に250字程度の速さで、淡々と読み、難語句も説明する。「分かち書き」は音読に反映させない。〉

3〈発問〉読み方が分からない文字がありましたか。**読み方の確認**

4〈指示〉「……はしっています。」の下に「①」と書きましょう。**段落番号**

5〈指示〉1段落をそろえて読みましょう。「いろいろな……」ハイ〈5秒〉。**一斉音読**〈読点は語句を見やすく区切る記号のため、音読では読点で息継ぎをしないで、すらすらと読む。「段落」という用語は小学3年で習うが、1年から教えるとよい。〉

6　〔説明〕すらすらとそろっていました。一斉音読の評価（一斉音読は必ず褒める。）

7　〔指示〕先生が続きを読みます。皆さんは教科書を見ながら聞きましょう。第2形式段落の範読

8　〔発問〕読み方が分からない文字がありましたか。読み方の確認

9　〔指示〕「……していますか。」の下に「②」と書きましょう。段落番号

10　〔指示〕2段落をそろえて読みましょう。「それぞれの……」ハイ（5秒）。一斉音読

11　〔説明〕上手に読めました。一斉音読の評価

12　（第3から9形式段落は、同じように、2〔指示〕から6〔説明〕を行う。）

13　〔発問〕段落はいくつありましたか。形式段落　解答：九つ

14　〔指示〕この文章は「はじめ」と「なか」に分けることができます。「はじめ」の段落はどこですか。隣の人と話し合いましょう。文章構成　解答：1、2、3段落

15　〔説明〕4から9段落は「なか」です。

16　〔指示〕学習したことを思い出しながら、全文をそろえて読みましょう。「いろいろな……」ハイ（1分15秒）。とても上手になりました。一斉音読（学習の最後に行う一斉音読はまとめの学習になる。授業者の解説は入れない方がよい。）

17　〔説明〕今日は文章を声に出して読み、二つのまとまりに分けました。学習の意義

18　〔説明〕次の時間はキーワードを探す学習をします。次時の予告

(3)　第1時の授業評価……文章をすらすらと声をそろえて読んでいる。

6　第2時の学習

(1)　第2時の学習目標……必要な語句や文を探し、意味段落のキーワードを取り出している。

(2)　第2時の主な発問・指示・説明

1〔説明〕前の時間に「じどう車くらべ」を二つのまとまりに分けました。今日は段落から大切な言葉、キーワードを探します。本時の学習内容の提示（段落の「大切な言葉」がキーワードであることを初めに簡潔に示す。）

2〔指示〕全文をそろえて読みましょう。「いろいろな……」ハイ（1分15秒）。上手に読めました。一斉音読（一斉音読の後は必ず褒める。）

3〔指示〕1から3段落をそろえて読みましょう。「いろいろな……」ハイ（16秒）。一斉音読

4〔指示〕この文章の話題は何ですか。1段落の言葉で言いましょう。キーワードの抽出（第1意味段落のキーワードは探しにくいので「話題」と言い換え、考える方向を示す。）解答「いろいろなじどう車」

5〔指示〕（4、5段落の一斉音読後）今読んだ文章が「なか1」です。4段落の上に「なか1」と書き、5段落の後ろに赤線を引きましょう。文章構成

6〔指示〕「なか1」のキーワードを隣の人と話し合って、線を引きましょう。キーワードの抽出

7〔発問〕Aさんはどこに線を引きましたか。Aさんと同じ意見の人は手を挙げましょう。Bさんは

どうですか。Bさんと同じ意見の人は手を挙げましょう。**キーワードの抽出** 解答「バスやじょうよう車」

8〔指示〕（6、7段落の一斉音読後）今読んだ文章が「なか2」です。6段落の上に「なか2」と書き、7段落の後ろに赤線を引きましょう。**文章構成**

9〔指示〕「なか2」のキーワードを隣の人と話し合って、線を引きましょう。**キーワードの抽出**

10〔発問〕Cさんはどこに線を引きましたか。Cさんと同じ意見の人は手を挙げましょう。Dさんはどうですか。Dさんと同じ意見の人は手を挙げましょう。**キーワードの抽出** 解答「トラック」

11〔指示〕（8、9段落の一斉音読後）今読んだ文章が「なか3」です。8段落の上に「なか3」と書きましょう。**文章構成**

12〔指示〕「なか3」のキーワードを隣の人と話し合って、線を引きましょう。**キーワードの抽出**

13〔発問〕みんなで言いましょう。ハイ。**キーワードの抽出** 解答「クレーン車」

14〔発問〕黒板に書いた段落とキーワードをノートに書きましょう。**ノートの書き方**

15〔指示〕学習したことを思い出しながら、全文をそろえて読みましょう。「いろいろな……」ハイ（1分15秒）。**一斉音読**

16〔説明〕今日は段落からキーワードを探しました。**学習の意義**

17〔説明〕次の時間はそれぞれの自動車の「しごと」と「つくり」を探します。**次時の予告**

⑶　第2時の授業評価……意味段落のキーワードを取り出している。

7　第3時の学習

(1)　第3時の学習目標……意味段落ごとに、自動車の「しごと」と「つくり」を整理している。
(2)　第3時の主な発問・指示・説明・板書計画

1〔説明〕前の時間は「じどう車くらべ」からキーワードを探しました。今日は自動車の「しごと」と「つくり」を整理します。**本時の学習内容の提示**

2〔指示〕全文をそろえて読みましょう。「いろいろな……」ハイ（1分15秒）。よくそろいました。**一斉音読**

3〔指示〕段落ごとのキーワードを皆さんで言いましょう。前の時間にノートにまとめた文章構成表を読みましょう。「段落、文章構成、キーワード、……」ハイ。**文章構成の確認**

段落（だんらく）	文章構成（しょうこうせい）	キーワード
1～3	はじめ	いろいろなじどう車
4、5	なか1	バスやじょうよう車
6、7	なか2	トラック
8、9	なか3	クレーン車

4〔指示〕1から3段落をそろえて読みましょう。「いろいろな……」ハイ（16秒）。**一斉音読**

5〔指示〕「どんなしごと」と「どんなつくり」に線を引きましょう。**事実を整理する観点の提示**

6〔指示〕4、5段落「なか1」をそろえて読みましょう。「バスやじょうよう車は、……」ハイ（18秒）。**一斉音読**

7〔指示〕バスや乗用車の仕事を見つけて線を引きましょう。**事実の整理** 解答「人をのせてはこぶしごと」

8〔指示〕どんな「つくり」になっているか、5段落から二つ見つけて線を引きましょう。**事実の整理** 解答「ざせきのところが、ひろくつくってあります。」「大きなまどがたくさんあります。」

9〔説明〕「ひろいざせき」「大きなまど」と黒板に書きます。**事実の整理**

10（6、7段落、8、9段落についても、7〔指示〕から9〔説明〕を繰り返す。）

解答：6段落（しごと）「にもつをはこぶしごと」7段落（つくり）「ひろいにだいになっています。」「タイヤがたくさんついています。」板書「ひろいにだい」「たくさんのタイヤ」

8段落（しごと）「おもいものをつり上げるしごと」9段落（つくり）「じょうぶなうでが、のびたりうごいたりするように、つくってあります。」「しっかりしたあしが、ついています。」

板書「じょうぶなうで」「しっかりしたあし」

11〔指示〕黒板に書いてあることを読みましょう。「じどう車くらべ……」ハイ（22秒）。上手に読めました。**一斉音読**

12〔指示〕「じどう車くらべ」の感想を発表しましょう。一人30秒ぐらいです。Aさんから、どうぞ。**感想の話し合い**（他の人と同じ感想でもよいと話す。思いつかない児童には「後で話します」と言うように伝える。）

13〔指示〕学習した文章をそろえて読みましょう。「いろいろな……」ハイ（1分15秒）。最後が一番上手に読めました。一斉音読

14〔説明〕これで「じどう車くらべ」の学習を終わります。学習の意義

(3) 第3時の授業評価……自動車の仕事と造りを整理して読んでいる。

8 同様に学習できる他の教科書教材

「いろいろなふね」（東京書籍）
「くらしをまもる車」（学校図書）
「はたらくじどう車」（教育出版）

―第3時の板書計画―

じどう車くらべ

段落（だんらく）　文章構成（しょうこうせい）　キーワード

①②③　「はじめ」いろいろなじどう車

④⑤　「なか1」バスやじょうよう車
（しごと）人をのせてはこぶ
（つくり）ひろいざせき
大きなまど

⑥⑦　「なか2」トラック
（しごと）にもつをはこぶ
（つくり）ひろいにだい
たくさんのタイヤ

⑧⑨　「なか3」クレーン車
（しごと）おもいものをつり上げる
（つくり）じょうぶなうで
しっかりしたあし

2年

たんぽぽのちえ

光村図書

1 教材の特徴

(1) 「なか1・2・3・4・5・6」「まとめ」という構成の「説明」の文章である。

(2) たんぽぽの花の変化を順序よく説明し、その仕組みも記述している。

(3) たんぽぽの様子を「ちえ」という観点によって、分かりやすい言葉で説明している。

(4) 分かりやすさを優先した書き方であるため、語句の単位でキーワードを取り出しにくい。このような場合、キーセンテンスで考えるとよい。

(5) 小学2年の教材文として、8ページの論理的文章は長すぎる。

2 文章構成

形式段落	意味段落	文章構成	段落の役割	キーセンテンス
1	一	なか1	具体的事例1	たんぽぽの黄色いきれいな花がさく
2、3	二	なか2	具体的事例2	花のじくは、じめんにたおれる
4、5	三	なか3	具体的事例3	わた毛についているたねをとばす
6	四	なか4	具体的事例4	花のじくが、またおき上がる
7、8	五	なか5	具体的事例5	たねをとおくまでとばす
9	六	なか6	具体的事例6	わた毛がしめって、おもくなると、たねをとおくまでとばせない
10	七	まとめ	共通する性質	いろいろなちえをはたらかせている

3 学習目標

(1) 音読を繰り返して、読み方に習熟している。

(2) 必要な語句や文を探し、意味段落のキーワードやキーセンテンスを取り出している。

(3) たんぽぽの花の変化の順序や、その仕組みを整理している。

4 学習計画（3時間扱い）

「第1時」(1) 全文を一斉音読する。

(2) 「なか」と「まとめ」という文章構成を確認する。

「第2時」(3) 必要な語句や文を探して、たんぽぽの様子の変化をまとめる。

「第3時」(4) たんぽぽの花の変化の順序や、その仕組みを整理する。

5 第1時の学習

(1) 第1時の学習目標……文章をすらすらと一斉音読している。

(2) 第1時の主な発問・指示・説明

1 〔指示〕今日から「たんぽぽのちえ」を学習します。題名を読みましょう。**本時の学習内容の提示**（題名を大きくはっきり板書する。）

2 〔指示〕先生が文章を読みます。皆さんは教科書を見ながら聞きましょう。**第1形式段落の範読**（1分間に300字程度の速さで、淡々と読み、語句の説明もする。「分かち書き」は音読に反映させない。）

3 〔発問〕読み方が分からない文字がありましたか。**読み方の確認**

4〔指示〕「……花がさきます。」の下に「①」と書きましょう。段落番号

5〔指示〕1段落をそろえて読みましょう。「春になると、……」ハイ（7秒）。一斉音読（句読点は語句・文を見やすく区切る記号のため、音読では句読点で息継ぎをしないで、すらすらと読む。「段落」という用語は小学3年で習うが、2年で教えるとよい。）

6〔指示〕声をそろえましょう。他の人の声を聞きながら、もう一度、読みましょう。「春になると、……」ハイ（8秒）。一斉音読（一斉音読は読み誤りや、そろわないとき、そこで止めてから読み直させる。）

7〔説明〕そろえて読めました。一斉音読の評価（一斉音読は必ず褒める。）

8〔指示〕先生が続きを読みます。教科書を見ながら聞きましょう。第2形式段落の範読

9〔発問〕読み方が分からない文字がありましたか。読み方の確認

10〔指示〕「……しまいます。」の下に「②」と書きましょう。段落番号

11〔指示〕2段落をそろえて読みましょう。「二、三日……」ハイ（15秒）。一斉音読

12〔説明〕上手に読めました。一斉音読の評価

13（第3から10形式段落は、同じように、2〔指示〕から7〔説明〕を行う。）

14〔発問〕段落はいくつありましたか。段落　解答：十

15〔発問〕十ある段落のうち、「まとめ」が書いてある段落はどこですか。解答：10段落　1から9段落は「なか」ですね。文章構成

16〔指示〕黒板に書いてあることをノートに丁寧に書き写しましょう。ノートの書き方

17〔指示〕学習したことを思い出しながら、全文をそろえて読みましょう。「春になると、……」ハイ（1分52秒）。ずいぶんと上手になりましたね。**一斉音読**（学習の最後に行う一斉音読はまとめの学習になる。授業者の解説や説明は入れない方がよい。）

18〔説明〕今日は文章を全部、声に出して読みました。**学習の意義**

19〔説明〕次の時間は、たんぽぽが変わっていく様子を考えます。**次時の予告**

(3) 第1時の授業評価……文章をすらすらと声をそろえて読んでいる。

6 第2時の学習

(1) 第2時の学習目標……段落から必要な文や語句を探し、ノートにまとめている。

(2) 第2時の主な発問・指示・説明

1〔説明〕前の時間に「たんぽぽのちえ」を読み終えました。今日はたんぽぽが変わっていく様子をノートに書きます。**本時の学習内容の提示**

2〔指示〕1段落をそろえて読みましょう。「春になると、……」ハイ（8秒）。上手に読めました。**一斉音読**（一斉音読の後は必ず褒める。）

3〔指示〕問題1です。春、たんぽぽは何色の、どのような花が咲きますか。括弧に言葉を入れて、ノートに書きましょう。**キーセンテンスの抽出**（以下、「問題2から8」は書き上げた児童3名が黒板に書く。ノートの書き方を教える。ノートへの記述が難しい児童は、ワークシートを使う。）

解答「(黄色い)(きれいな)花がさきます。」黒板を皆さんで読みましょう。ハイ。

4〔指示〕(第2形式段落の一斉音読後)問題2です。たんぽぽは花が咲いた後、どうなりますか。答えを教科書どおりにノートに書きましょう。**キーセンテンスの抽出** 解答「たんぽぽの花のじくは、ぐったりとじめんにたおれてしまいます。」黒板を皆さんで読みましょう。ハイ。

5〔指示〕(第3形式段落の一斉音読後)問題3です。たんぽぽの軸が倒れるのは、なぜですか。括弧に言葉を入れて、ノートに書きましょう。**キーセンテンスの抽出** 解答「(花とじく)をしずかに(休ませて)、(たね)に、(たくさんのえいよう)をおくっているからです。」黒板を皆さんで読みましょう。ハイ。

6〔指示〕(第4、5形式段落の一斉音読後)問題4です。花がかれた後、どうなりますか。括弧に言葉を入れて、ノートに書きましょう。**キーセンテンスの抽出** 解答「(白いわた毛)についている(たね)をとばします。」黒板を皆さんで読みましょう。ハイ。

7〔指示〕(第6形式段落の一斉音読後)問題5です。倒れたたんぽぽの軸はその後、どうなりますか。答えを教科書どおりにノートに書きましょう。**キーセンテンスの抽出** 解答「たおれていた花のじくが、またおき上がります。」黒板を皆さんで読みましょう。ハイ。

8〔指示〕(第7、8形式段落の一斉音読後)問題6です。たんぽぽの軸がぐんぐん伸びるのはなぜですか。答えを教科書どおりにノートに書きましょう。**キーセンテンスの抽出** 解答「せいを高くするほうが、……とばすことができるからです。」黒板を皆さんで読みましょう。ハイ。

9〔指示〕(第9形式段落の一斉音読後)問題7です。雨の日に、綿毛がすぼむのはなぜですか。答えを教科書どおりにノートに書きましょう。キーセンテンスの抽出 解答「わた毛がしめって、……とばすことができないからです。」黒板を皆さんで読みましょう。ハイ。

10〔指示〕（第10形式段落の一斉音読後）問題8です。たんぽぽは種を増やすために、何を働かせていますか。括弧に言葉を入れて、ノートに書きましょう。キーワードの抽出 解答「（いろいろなちえ）をはたらかせています。」黒板を皆さんで読みましょう。ハイ。

11〔指示〕学習したことを思い出しながら、全文をそろえて読みましょう。「春になると、……」ハイ（1分52秒）。一斉音読

12〔説明〕今日は段落から必要な文や言葉を探しました。学習の意義

13〔説明〕次の時間はたんぽぽの花が変わっていく順序を考えます。次時の予告

(3) 第2時の授業評価……必要な文や語句をノートに書いている。

7 第3時の学習

(1) 第3時の学習目標……たんぽぽの花が変化していく順序を整理し、文章の大体を理解している。

(2) 第3時の主な発問・指示・説明・板書計画

1〔説明〕前の時間は「たんぽぽのちえ」の段落から必要な文や言葉を探しました。今日はたんぽぽの花が変わっていく順序を考えます。本時の学習内容の提示

2〔指示〕全文をそろえて読みましょう。「春になると、……」ハイ（1分52秒）。長い文章を上手に

読めました。**一斉音読**

3〔指示〕たんぽぽの花が変わっていく順序を分かりやすくノートに整理します。空いている括弧の中に文を書きましょう。**時間的順序**（板書か、表を貼るかし、書き上げた児童3名が黒板に書くとよい。）

解答　(1)（春、黄色いきれいな花がさく。）　(2)（二、三日たつと、花がしぼむ。）

(3)　じくがたおれる。　(4)（たねが太る。）

(5)（白いわた毛ができる。）　(6)（じくがおき上がる。）

(7)（じくがぐんぐんのびていく。）　(8)　高くなったじくから、わた毛がとぶ。

4〔指示〕プリントの文章に「○」か「×」をつけましょう。**文章の理解**（話し合いながら行う。）

解答　(1)（○）たんぽぽは春に黄色い花がさきます。

(2)（×）たんぽぽのじくがよこたわるのは、かれたからです。

(3)（×）わた毛はぬれるほど、とおくにとびます。

(4)（○）たんぽぽのじくがよこになるのは、たねにたくさんのえいようをおくるためです。

(5)（×）たんぽぽのわた毛は、黄色い花がさくまえにでき上がります。

(6)（×）たんぽぽのじくがぐんぐんのびるのは、わた毛がかるいからです。

(7)（×）たんぽぽのわた毛がとおくまでとぶのは、たねがりょこうするのがすきだからです。

5〔指示〕「たんぽぽのちえ」の感想を発表しましょう。一人30秒ぐらいです。Aさんから、どうぞ。**感想の話し合い**（他の人と同じ感想でもよいと話す。思いつかない児童には「後で話します」

と言うように伝える。）

6〔指示〕学習したことを思い出しながら、全文をそろえて読みましょう。「春になると、……」ハイ（1分52秒）。とても上手に読めました。一斉音読

7〔説明〕これで「たんぽぽのちえ」の学習を終わります。学習の意義

(3) 第3時の授業評価……たんぽぽの花が変化していく順序をノートに書き、文章の大体を理解している。

8 同様に学習できる他の教科書教材

「あなのやくわり」（東京書籍）
「食べるのは、どこ」（学校図書）
「すみれとあり」（教育出版）
「おにごっこ」（光村図書）

―第3時の板書計画―

たんぽぽのちえ
○ たんぽぽの花が、かわっていくじゅんじょ
1（春、黄色いきれいな花がさく。）
2（二、三日たつと、花がしぼむ。）
3 じくがたおれる。
4（たねが太る。）
5（白いわた毛ができる。）
6（じくがおき上がる。）
7（じくがぐんぐんのびていく。）
8 高くなったじくから、わた毛がとぶ。
○ プリント
○ かんそう

3年

すがたをかえる大豆

光村図書

1 教材の特徴

(1) 「はじめ」「なか1・2・3・4・5」「まとめ」という構成の「報告」の文章である。
(2) 「はじめ」以外は、形式段落と意味段落が一致している。
(3) 「なか1~5」は大豆の簡単な調理法から複雑な作り方という、具体的事例が論理的な順序で展開している。
(4) 「なか」のキーワードは大豆の調理法や作り方と、食品名の二種類が考えられるため、授業者が決めるとよい。
(5) 事例が具体的で、身近な食品であるため、小学3年は理解しやすい。
(6) 小学3年の教材文として、6ページの論理的文章は長い。

2 文章構成

形式段落	意味段落	文章構成	段落の役割	キーワード
1、2	一	はじめ	概要	大豆
3	二	なか1	具体的事例1	その形のまま（豆まきに使う豆、に豆）
4	三	なか2	具体的事例2	こなにひく（きなこ）
5	四	なか3	具体的事例3	大切なえいよう（とうふ）
6	五	なか4	具体的事例4	小さな生物の力（なっとう、みそ、しょうゆ）
7	六	なか5	具体的事例5	とり入れる時期や育て方（えだ豆、もやし）
8	七	まとめ	共通する性質	いろいろなすがたで食べられている

3 学習目標

(1) 文章構成を理解している。
(2) 具体的事例の段落と、考察の段落の役割に気づいている。
(3) 段落からキーワードを取り出している。

4 学習計画（3時間扱い）

「第1時」(1) 全文を一斉音読する。

(2) 「はじめ」「なか1・2・3・4・5」「まとめ」という文章構成を確認する。

「第2時」(3) 意味段落ごとのキーワードを話し合い、意味段落の役割を理解する。

「第3時」(4) 具体的事例に書かれた食品名を整理し、学習内容をノートに書く。

5 第1時の学習

(1) 第1時の学習目標……文章をすらすらと一斉音読して、文章構成を確認している。

(2) 第1時の主な発問・指示・説明

1 〔指示〕今日から「すがたをかえる大豆」を学習します。題名を読みましょう。 **本時の学習内容の提示**（題名を大きくはっきり板書する。）

2 〔指示〕先生が文章を読みます。皆さんは教科書を見ながら聞きましょう。 **第1形式段落の範読**（1分間に300字程度の速さで、淡々と読み、難語句も説明する。）

3 〔発問〕読み方が分からない文字がありましたか。 **読み方の確認**

4 〔指示〕「……気づかれないのです。」の下に「①」と書きましょう。 **段落番号**

5〔指示〕1段落をそろえて読みましょう。「わたしたちの……」ハイ（28秒）。一斉音読（句読点は語句・文を見やすく区切る記号のため、音読では句読点で息継ぎをしないで、すらすらと読む。）

6〔指示〕途中でひっかかりましたね。他の人の声を聞きながら、もう一度、読みましょう。「わたしたちの……」ハイ（28秒）。一斉音読（一斉音読は読み誤りや、そろわないとき、そこで止めてから読み直させる。）

7〔説明〕今度はすらすらとそろっていました。一斉音読の評価（一斉音読は必ず褒める。）

8〔指示〕先生が続きを読みます。教科書を見ながら聞きましょう。第2形式段落の範読

9〔発問〕読み方が分からない文字がありましたか。読み方の確認

10〔指示〕「……してきました。」の下に「②」と書きましょう。段落番号

11〔指示〕2段落をそろえて読みましょう「大豆は、……」ハイ（25秒）。一斉音読

12〔説明〕上手に読めました。一斉音読の評価

13（第3から8形式段落は、同じように、2〔指示〕から7〔説明〕を行う。）

14〔発問〕段落はいくつありましたか。この文章は「はじめ」「なか」「まとめ」に分けることができます。グループで話し合いながら、1から8段落を三つのまとまりに分けましょう。文章構成

解答：八つ（はじめ）1、2段落（なか）3から7段落（まとめ）8段落

15〔指示〕黒板に書いてあることをノートに丁寧に書き写しましょう。ノートの書き方

16〔指示〕学習したことを思い出しながら、全文をそろえて読みましょう。「わたしたちの……」ハイ（3分24秒）。とても上手になりました。一斉音読（学習の最後に行う一斉音読はまとめの学習

になる。授業者の解説は入れない方がよい。）

17〔説明〕今日は文章を声に出して読み、三つのまとまりに分けました。学習の意義

18〔説明〕次の時間はキーワードを探す学習をします。次時の予告

(3) 第1時の授業評価……文章をすらすらとそろえて読み、文章構成を確認している。

6 第2時の学習

(1) 第2時の学習目標……意味段落のキーワードを話し合いながら、取り出している。

(2) 第2時の主な発問・指示・説明

1〔説明〕前の時間に「すがたをかえる大豆」を三つのまとまりに分けました。今日は段落から大切な言葉、キーワードを探します。本時の学習内容の提示（段落の「大切な言葉」がキーワードであると初めに簡潔に示す。）

2〔指示〕全文をそろえて読みましょう。「わたしたちの……」ハイ（3分24秒）。上手に読めました。一斉音読（一斉音読の後は必ず褒める。）

3〔指示〕1、2段落をそろえて読みましょう。「わたしたちの……」ハイ（53秒）。（以下、第3から8形式段落を一斉音読後、キーワードを取り出す。）

4〔指示〕この文章の話題は何ですか。1段落の言葉で言いましょう。キーワードの抽出（第1意味段落のキーワードは探しにくいので「話題」と言い換え、考える方向を示す。）解答「大豆」

5〔指示〕（一斉音読後）3段落のキーワードをグループで話し合って、1番目の人が黒板に書きましょう。キーワードの抽出（4人グループをつくり、1から4までの順番を決める。5〔指示〕から8〔指示〕は繰り返しの学習になるが、楽しく取り組むことができる。）解答「その形のまま」

6〔指示〕（一斉音読後）4段落のキーワードをグループで話し合って、2番目の人が黒板に書きましょう。キーワードの抽出 解答「こなにひいて」

7〔指示〕（一斉音読後）5段落のキーワードをグループで話し合って、3番目の人が黒板に書きましょう。キーワードの抽出 解答「大切なえいよう」

8〔指示〕（一斉音読後）6段落のキーワードをグループで話し合って、4番目の人が黒板に書きましょう。キーワードの抽出 解答「小さな生物の力」

9〔指示〕（一斉音読後）7段落のキーワードをグループで話し合って、皆さんで言いましょう。キーワードの抽出 解答「とり入れる時期や育て方」

10〔指示〕（一斉音読後）8段落は「（　　）で食べられている」の括弧に入る言葉を話し合いましょう。キーワードの抽出 解答「いろいろなすがた」（第8形式段落のキーワードは曖昧なため授業者が示してもよい。）

11〔指示〕3から8段落を、事柄が書いてある段落と、考えが書いてある段落に分けましょう。段落の役割 解答：（事柄）3から7段落（考え）8段落

12〔指示〕黒板の段落とキーワードをノートに書きましょう。ノートの書き方

13〔指示〕学習したことを思い出しながら、全文をそろえて読みましょう。「わたしたちの……」ハ

イ（3分24秒）。一斉音読

14〔説明〕今日は段落からキーワードを探しました。学習の意義

15〔説明〕次の時間は大豆を使った食品を整理します。次時の予告

(3) 第2時の授業評価……グループの話し合いを通して、キーワードを探している。

7 第3時の学習

(1) 第3時の学習目標……意味段落ごとに、大豆を使った食品やその作り方を整理している。

(2) 第3時の主な発問・指示・説明・板書計画

1〔説明〕前の時間は「すがたをかえる大豆」からキーワードを探しました。今日は大豆を使った食品を整理します。本時の学習内容の提示

2〔指示〕全文をそろえて読みましょう。「わたしたちの……」ハイ（3分24秒）。よくそろいました。一斉音読

3〔発問〕段落ごとのキーワードを皆さんで言いましょう。1、2段落のキーワードは何ですか。キーワードの確認（8段落まで同じく聞いた後、段落、文章構成、キーワードをノートに書く。）解答「大豆・その形のまま・こなにひいて・大切なえいよう・小さな生物の力・とり入れる時期や育て方・いろいろなすがたで食べられている」

4〔指示〕3段落をそろえて読みましょう。「いちばん……」ハイ（24秒）。一斉音読

5〔指示〕3段落から、大豆を使った食品は「に豆」と何か、ノートに書きましょう。**事実の書き方** 解答「豆まきに使う豆」

6〔指示〕4から7段落をそろえて読みましょう。「次に、こな……」ハイ（1分30秒）。**一斉音読**

7〔指示〕大豆を使った食品名を段落ごとに、ノートに書きましょう。**事実の整理**（書き上がった児童が黒板に書く。第3時の板書計画を参照のこと。）解答：4段落「きなこ」5段落「とうふ」6段落「なっとう、みそ、しょうゆ」7段落「えだ豆、もやし」

8〔指示〕5段落の豆腐の作り方を説明します。括弧に言葉を書き入れましょう。**事実の書き方**（箇条書きの学習である。この後、納豆や味噌の作り方を説明する学習をつけ加えることもできる。）

解答
(1) 大豆を一ばん水にひたす。
(2) なめらかになるまで（すりつぶす）。
(3) すりつぶしたものに（水）をくわえて、かきまぜながら（熱する）。
(4) ぬのを使って（中身）を（しぼり出す）。
(5) しぼり出したしるに（にがり）を（くわえる）。
(6) かたまって、とうふになる。

9〔指示〕「すがたをかえる大豆」の感想を発表しましょう。一人30秒ぐらいです。Aさんから、どうぞ。**感想の話し合い**（他の人と同じ感想でもよいと話す。思いつかない児童には「後で話します」と言うように伝える。）

10〔指示〕学習したことを思い出しながら、全文をそろえて読みましょう。「わたしたちの……」ハイ（3分24秒）。最後が一番上手に読めました。**一斉音読**

11〔説明〕これで「すがたをかえる大豆」の学習を終わります。**学習の意義**

(3) 第3時の授業評価……大豆を使った食品を整理し、その作り方を説明している。

8 同様に学習できる他の教科書教材

「人をつつむ形――世界の家めぐり」（東京書籍）
「めだか」（教育出版）
「こまを楽しむ」（光村図書）

―第3時の板書計画―

すがたをかえる大豆

段落（だんらく） 文章構成（しょうこうせい） キーワード（食品）

①② 「はじめ」大豆
③ 「なか1」その形のまま
（豆まきに使う豆、に豆）
④ 「なか2」こなにひいて（きなこ）
⑤ 「なか3」大切なえいよう（とうふ）
⑥ 「なか4」小さな生物の力
（なっとう、みそ、しょうゆ）
⑦ 「なか5」とり入れる時期や育て方
（えだ豆、もやし）
⑧ 「まとめ」いろいろなすがたで食べられている

とうふの作り方

1 大豆を一ばん水にひたす。
2 なめらかになるまで（すりつぶす）。
3 すりつぶしたものに（水）をくわえて、かきまぜながら（熱（ねっ）する）。
4 ぬのを使って（中身）を（しぼり出す）。
5 しぼり出したしるに（にがり）を（くわえる）。
6 かたまって、とうふになる。

4年

アップとルーズで伝える

光村図書

1 教材の特徴

(1) 「はじめ」「なか1・2」「まとめ」「なか3」「むすび」という構成の「論説」の文章である。
(2) サッカーの試合の画面を題材として、「アップ」と「ルーズ」の違いを説明している。
(3) 「アップ」と「ルーズ」の違いを、サッカーの試合を例にして比べることで、両者の特徴が分かりやすく記述されている。
(4) 6ページの文章は、小学4年の教材として少し長い。
(5) 「はじめ」に概要と問いの両者が書かれており、冗長である。
(6) 第7形式段落で写真の「アップ」と「ルーズ」の事例が書かれているが、テレビの「アップ」と「ルーズ」に絞って記述した方が分かりやすい。

2 文章構成

形式段落	意味段落	文章構成	段落の役割	キーワード
1~3	一	はじめ	概要	サッカーの試合
4	二	なか1	具体的事例1	アップ
5	三	なか2	具体的事例2	ルーズ
6	四	まとめ	共通する性質	伝えられることと伝えられないこと
7	五	なか3	具体的事例3	写真
8	六	むすび	共通する性質	伝えたいこと

3 学習目標

(1) 文章構成を理解している。
(2) 具体的事例の段落と、考察の段落の役割に気づいている。
(3) 意味段落からキーワードを取り出している。

4　学習計画（3時間扱い）

「第1時」(1) 全文を一斉音読する。
(2) 「はじめ」「なか1・2」「まとめ」「なか3」「むすび」という文章構成を確認する。
「第2時」(3) 意味段落ごとのキーワードを話し合い、意味段落の役割を理解する。

「第3時」(4) 具体的事例に書かれた「アップ」と「ルーズ」の特徴を整理し、ノートに書く。

5　第1時の学習

(1) 第1時の学習目標……文章をすらすらと一斉音読して、文章構成を確認している。
(2) 第1時の主な発問・指示・説明

1 〔指示〕今日から「アップとルーズで伝える」を学習します。題名を読みましょう。本時の指導内容の提示（題名を大きくはっきり板書する。）
2 〔指示〕先生が文章を読みます。皆さんは教科書を読みながら聞きましょう。第1形式段落の範読（1分間に400字程度の速さで、淡々と読み、難語句も説明する。）
3 〔発問〕読み方がわからない文字がありましたか。読み方の確認
4 〔指示〕「……伝わります。」の下に「①」と書きましょう。段落番号

5〔指示〕1段落をそろえて読みましょう「テレビで……」ハイ（39秒）。一斉音読（句読点は語句・文を見やすく区切る記号のため、音読では句読点で息継ぎをしないで、すらすらと読む。）

6〔指示〕途中でひっかかりましたね。他の人の声を聞きながら、もう一度、読みましょう。「テレビで……」ハイ（39秒）。一斉音読（一斉音読は読み誤りや、そろわないとき、そこで止めてから読み直させる。）

7〔説明〕今度はすらすらとそろっていました。一斉音読の評価（一斉音読は必ず褒める。）

8〔指示〕先生が続きを読みます。皆さんは教科書を見ながら聞きましょう。第2形式段落の範読

9〔発問〕読み方が分からない文字がありましたか。読み方の確認

10〔指示〕「……見ているようです。」の下に「②」と書きましょう。段落番号

11〔指示〕2段落をそろえて読みましょう「いよいよ……」ハイ（15秒）。一斉音読

12〔説明〕上手に読めました。一斉音読の評価

13（第3から8形式段落は、同じように、2〔指示〕から7〔説明〕を行う。）

14〔発問〕段落はいくつありましたか。この文章は「はじめ」「なか」「まとめ」「むすび」に分けることができます。グループで話し合いながら、「はじめ」「まとめ」「むすび」の段落はどこか考えましょう。文章構成 解答：八つ（はじめ）1～3段落（まとめ）6段落（むすび）8段落

15〔指示〕黒板に書いてあることをノートに丁寧に書き写しましょう。ノートの書き方

16〔指示〕学習したことを思い出しながら、全文をそろえて読みましょう。「テレビで……」ハイ（4分16秒）。とても上手になりました。一斉音読（学習の最後に行う一斉音読はまとめの学習に

なる。授業者の解説は入れない方がよい。）

17〔説明〕今日は文章を声に出して読み、段落をいくつかのまとまりに分けました。学習の意義

18〔説明〕次の時間はキーワードを探す学習をします。次時の予告

(3) 第1時の授業評価……文章をすらすらとそろえて読み、文章構成を確認している。

6 第2時の学習

(1) 第2時の学習目標……意味段落のキーワードを話し合いながら、取り出している。

(2) 第2時の主な発問・指示・説明

1〔説明〕前の時間に「アップとルーズで伝える」の段落をいくつかのまとまりに分けました。今日は段落から大切な言葉、キーワードを探します。本時の学習内容の提示（段落の「大切な言葉」がキーワードであると初めに簡潔に示す。）

2〔指示〕全文をそろえて読みましょう。「テレビで……」ハイ（4分16秒）。上手に読めました。一斉音読（一斉音読の後は必ず褒める。）

3〔指示〕1、2、3段落をそろえて読みましょう。「テレビで……」ハイ（1分20秒）。（以下、第4から8形式段落を一斉音読後、キーワードを取り出す。）

4〔指示〕1から3段落は「はじめ」になります。この文章の話題は何ですか。1段落の言葉で言いましょう。キーワードの抽出（第1段落のキーワードは探しにくいので「話題」と言い換え、考

える方向を示す。）解答「サッカーの試合」

5〔指示〕（一斉音読後）4段落のキーワードをグループで話し合って、1番目の人が黒板に書きましょう。キーワードの抽出（4人グループをつくり、1から4までの順番を決める。5〔指示〕から8〔指示〕は繰り返しの学習になるが、楽しく取り組むことができる。）解答「アップ」

6〔指示〕（一斉音読後）5段落のキーワードをグループで話し合って、2番目の人が黒板に書きましょう。キーワードの抽出 解答「ルーズ」

7〔指示〕（一斉音読後）6段落のキーワードをグループで話し合って、3番目の人が黒板に書きましょう。キーワードの抽出 解答「伝えられることと伝えられないこと」

8〔指示〕（一斉音読後）7段落のキーワードをグループで話し合って、4番目の人が黒板に書きましょう。キーワードの抽出 解答「写真」

9〔指示〕（一斉音読後）8段落のキーワードをグループで話し合って、皆さんで言いましょう。キーワードの抽出 解答「伝えたいこと」

10〔指示〕4から8段落を、事柄が書いてある段落と、考えが書いてある段落と、筆者の主張が書いてある段落に分けましょう。段落の役割 解答：（事柄）4、5、7段落（考え）6段落（主張）8段落

11〔指示〕黒板の段落とキーワードをノートに書きましょう。ノートの書き方

12〔指示〕学習したことを思い出しながら、全文をそろえて読みましょう。「テレビで……」ハイ（4分16秒）。

13〈説明〉今日は段落からキーワードを探しました。学習の意義
14〈説明〉次の時間は「アップ」と「ルーズ」の特徴を整理します。次時の予告
(3) 第2時の授業評価……グループの話し合いを通して、キーワードを探している。

7 第3時の学習

(1) 第3時の学習目標……「アップ」と「ルーズ」の特徴を整理し、要約している。
(2) 第3時の主な発問・指示・説明・板書計画
1〈説明〉前の時間は「アップとルーズで伝える」からキーワードを探しました。今日は「アップ」と「ルーズ」の特徴を整理します。本時の学習内容の提示
2〈指示〉全文をそろえて読みましょう。「テレビで……」ハイ（4分16秒）。今日もよくそろいました。一斉音読
3〈指示〉段落ごとのキーワードを皆さんで言いましょう。1から3段落のキーワードは何ですか。キーワードの確認（8段落まで、同じく聞く。）解答：1から3段落「サッカーの試合」4段落「アップ」　5段落「ルーズ」　6段落「伝えられることと伝えられないこと」　7段落「写真」　8段落「伝えたいこと」
4〈指示〉黒板に書いた「段落・文章構成・キーワード」をノートに書きましょう。ノートの書き方

5〔指示〕（一斉音読後）4、5段落に書いてある「アップとルーズの特ちょう」を整理します。「アップ」と「ルーズ」から、「よく伝わる選手の様子」と「よく分かるところ」をそれぞれ探し、表に書きましょう。**事実の整理**（以下の発問では、書き上げた児童が黒板に書く。）

解答例「アップとルーズの特ちょう」

段落	とり方	よく伝わる選手の様子	よく分かるところ
4	アップ	よろこびを表しながら走る選手の様子	細かい部分の様子
5	ルーズ	選手とおうえんした人たちとが一体となって、しょうりをよろこび合う様子	広いはんいの様子

6〔指示〕「アップ」と「ルーズ」はどのように使い分けたらよいか、括弧に言葉を書き入れましょう。**要約の記述** 解答例「(伝えたいこと）に合わせて、(アップ）や（ルーズ）を（選んだり、組み合わせたりする）必要がある。

7〔説明〕このようにキーワードを使って筆者の考えを短い文章にまとめると、要約を書くことができます。**要約の仕方**

8〔指示〕「アップとルーズで伝える」の感想を発表しましょう。一人30秒ぐらいです。Aさんから、どうぞ。**感想の話し合い**（他の人と同じ感想でもよいと話す。思いつかない児童には「後で話します」と言うように伝える。）

9〔指示〕学習したことを思い出しながら、全文をそろえて読みましょう。「テレビで……」ハイ（4分16秒）。最後が一番上手に読めました。**一斉音読**

10〔説明〕これで「アップとルーズで伝える」の学習を終わります。**学習の意義**

(3) 第3時の授業評価……「アップ」と「ルーズ」の違いを理解し、説明や要約をしている。

8 同様に学習できる他の教科書教材

「ヤドカリとイソギンチャク」(東京書籍)
「くらしの中の和と洋」(東京書籍)
「空飛ぶふろしき　ムササビ」(学校図書)
「世界にほこる和紙」(光村図書)

—第3時の板書計画—

アップとルーズで伝える

段落　文章構成　キーワード
①②③「はじめ」サッカーの試合
④「なか1」アップ
⑤「なか2」ルーズ
⑥「まとめ」伝えられることと伝えられないこと
⑦「なか3」写真
⑧「むすび」伝えたいこと

「アップ」と「ルーズ」の特ちょう

段落	とり方	よく伝わる選手の様子	よく分かるところ
4	アップ	よろこびを表しながら走る選手の様子	細かい部分の様子
5	ルーズ	選手とおうえんした人たちとが一体となって、しょうりをよろこび合う様子	広いはんいの様子

要約……アップとルーズの使い分け方(伝えたいこと)に合わせて、(アップ)や(ルーズ)を(選んだり、組み合わせたりする)必要がある。

5年

動物たちが教えてくれる海の中のくらし

東京書籍

1 教材の特徴

(1)「はじめ」「なか1・2・3」「まとめ」「むすび」という構成の「論説」の文章である。

(2)形式段落と意味段落が一致しておらず、初めて読む児童には構成が分かりにくい。

(3)具体的事例では海で暮らすアザラシやペンギンなどの動物が挙げられ、さらに図やデータが使われているため、小学5年が理解しやすい。

(4)ここまでの教科書教材は「はじめ」「なか」「おわり」という文章構成で整理しているが、本教材では「序論」「本論」「結論」という語句で説明している。本書では「結論」を「まとめ」と「むすび」に分けて指導する。

(5)三つの具体的事例に共通する性質を「まとめ」で述べていることから、帰納的推論を学ぶのに適している。

2 文章構成

形式段落	意味段落	文章構成	段落の役割	キーワード
1、2	一	はじめ	概要	バイオロギング
3、4	二	なか1	具体的事例1	泳ぐ速さと体の大きさの関係
5、6	三	なか2	具体的事例2	マッコウクジラの海中での動き
7	四	なか3	具体的事例3	いろいろな動物の泳ぐ速さ
8	五	まとめ	共通する性質	できるだけ楽に移動する
9、10	六	むすび	主張	動物たちから学べること

3 学習目標

(1) 文章構成を理解している。
(2) 具体的事例の段落と、考察の段落の役割に気づいている。
(3) 段落からキーワードを取り出している。
(4) 図や表から事実を整理している。

4　学習計画（3時間扱い）

「第1時」(1)　全文を一斉音読する。
(2)　「はじめ」「なか1・2・3」「まとめ」「むすび」という文章構成を確認する。
「第2時」(3)　意味段落ごとのキーワードを話し合い、意味段落の役割を理解する。

「第3時」(4)　図や表から事実を整理し、要旨を交流する。

5　第1時の学習

(1)　第1時の学習目標……文章をすらすらと一斉音読して、文章構成を確認している。
(2)　第1時の主な発問・指示・説明

1〔指示〕今日から「動物たちが教えてくれる海の中のくらし」を学習します。題名を読みましょう。**本時の学習内容の提示**（題名を大きくはっきり板書する。）
2〔指示〕先生が文章を読みます。皆さんは教科書を見ながら聞きましょう。**第1形式段落の範読**（1分間に400字程度の速さで、淡々と読み、難語句も説明する。）
3〔発問〕読み方が分からない文字がありましたか。**読み方の確認**
4〔指示〕「……いなかったのだ。」の下に「①」と書きましょう。**段落番号**

5〔指示〕1段落をそろえて読みましょう。「地球表面の……」ハイ（31秒）。一斉音読（句読点は語句・文を見やすく区切る記号のため、音読では句読点で息継ぎをしないで、すらすらと読む。一斉音読では読み誤りや、そろわないとき、そこで止めてから読み直させる。）

6〔説明〕すらすらと上手に読めました。一斉音読の評価（一斉音読は必ず褒める。）

7〔指示〕先生が続きを読みます。皆さんは教科書を見ながら聞きましょう。第2形式段落の範読

8〔発問〕読み方が分からない文字がありましたか。読み方の確認

9〔指示〕「……意味である。」の下に「②」と書きましょう。段落番号

10〔指示〕2段落をそろえて読みましょう。「動物たちは……」ハイ（27秒）。一斉音読

11〔説明〕今回も上手に読めました。一斉音読の評価

12（第3から10形式段落は、同じように、2〔指示〕から6〔説明〕を行う。）

13〔発問〕段落はいくつありましたか。この文章は「はじめ」「なか」「まとめ」「むすび」に分けることができます。グループで話し合いながら、1から10段落を四つのまとまりに分けましょう。文章構成 解答：十（はじめ）1、2段落（なか）3から7段落（まとめ）8段落（むすび）9、10段落

14〔指示〕黒板に書いてあることをノートに丁寧に書き写しましょう。ノートの書き方

15〔指示〕学習したことを思い出しながら、全文をそろえて読みましょう。「地球表面の……」ハイ（3分50秒）。とても上手になりました。一斉音読（学習の最後に行う一斉音読はまとめの学習になる。授業者の解説は入れない方がよい。）

16〔説明〕今日は文章を声に出して読み、四つのまとまりに分けました。学習の意義

17〔説明〕次の時間はキーワードを探す学習をします。次時の予告

(3) 第1時の授業評価……文章をすらすらとそろえて読み、文章構成を確認している。

6 第2時の学習

(1) 第2時の学習目標……意味段落のキーワードを話し合い、意味段落の役割を理解している。

(2) 第2時の主な発問・指示・説明

1〔説明〕前の時間に「動物たちが教えてくれる海の中のくらし」を四つのまとまりに分けました。今日は意味段落からキーワードを探します。本時の学習内容の提示

2〔指示〕全文をそろえて読みましょう。「地球表面の……」ハイ（3分50秒）。上手にすらすらと読めました。一斉音読（一斉音読の後は必ず褒める。）

3〔指示〕1、2段落をそろえて読みましょう。「地球表面の……」ハイ（58秒）。（以下、第3から10形式段落を一斉音読後、キーワードを取り出す。）

4〔指示〕この文章の話題は何か、2段落の言葉で言いましょう。キーワードの抽出（第1意味段落のキーワードは探しにくいので「話題」と言い換え、考える方向を示す。）解答「バイオロギング」

5〔指示〕（3、4段落の一斉音読後）今読んだ文章が「なか1」です。3段落の上に「なか1」と

書き、4段落の最後の行に赤線を引きましょう。**文章構成**（以下、一斉音読後、「なか2・なか3・まとめ・むすび」を上段に書き、赤線を引く。）

6〔指示〕「なか1」のキーワードを話し合いながら、探しましょう。**キーワードの抽出**（以下、キーワードの抽出は、4人グループをつくり、その代表者が順番に、あるいは早く探した児童5名が黒板に書く。6〔指示〕から9〔指示〕は繰り返しの学習になるが、楽しく取り組むことができる。）解答「泳ぐ速さと体の大きさの関係」

7〔指示〕（5、6段落の一斉音読後）「なか2」のキーワードを話し合いながら、探しましょう。**キーワードの抽出** 解答：マッコウクジラの海中での動き

8〔指示〕（7段落の一斉音読後）「なか3」のキーワードを話し合いながら、探しましょう。**キーワードの抽出** 解答「いろいろな動物の泳ぐ速さ」

9〔指示〕（8段落の一斉音読後）「まとめ」のキーワードを話し合いながら、探しましょう。**キーワードの抽出** 解答「できるだけ楽に移動する」

10〔指示〕（9、10段落の一斉音読後）「むすび」は「（　　　）から（　　　）は、まだたくさん残っている。」の括弧に入る言葉をグループで話し合いましょう。**キーセンテンスの抽出** 解答「動物たち」「学べること」（「むすび」はキーセンテンスを取り出すので、授業者が示してもよい。）

11〔指示〕3から10段落を事実が書いてある段落、考えが書いてある段落、主張が書いてある段落に分けましょう。**段落の役割** 解答：（事実）3から7段落　（考え）8段落　（主張）9、10段落

12〔指示〕黒板の段落とキーワードをノートに書きましょう。**ノートの書き方**

13〔指示〕学習したことを思い出しながら、全文をそろえて読みましょう。「地球表面の……」ハイ（3分50秒）。一斉音読

14〔説明〕今日は意味段落からキーワードを探しました。学習の意義

15〔説明〕次の時間は具体的事例に書かれた動物の泳ぐ速さを整理します。次時の予告

(3) 第2時の授業評価……話し合いを通して、意味段落のキーワードや役割を理解している。

7 第3時の学習

(1) 第3時の学習目標……図や表から事実を整理し、要旨をまとめている。

(2) 第3時の主な発問・指示・説明・板書計画

1〔説明〕前の時間は「動物たちが教えてくれる海の中のくらし」からキーワードを探しました。今日は動物の泳ぐ速さと体の大きさを整理します。本時の学習内容の提示

2〔指示〕全文をそろえて読みましょう。「地球表面の……」ハイ（3分50秒）。今回も上手に読めました。一斉音読

3〔指示〕段落ごとのキーワードを皆さんで言いましょう。1、2段落のキーワードは何ですか。キーワードの確認（10段落まで同じく聞いた後、段落、文章構成、キーワードをノートに書き写す。）解答「バイオロギング・泳ぐ速さと体の大きさの関係・マッコウクジラの海中での動き・いろいろな動物の泳ぐ速さ・できるだけ楽に移動する・動物たちから学べること」

4 〈指示〉36ページの図から分かることを、ノートに書きましょう。**図の読み方**〈以下の指示では、書き上げた児童が黒板に書く。〉解答「体が（大きい）からといって、必ずしも（速く）泳ぐわけではなさそうだ。」

5 〈指示〉37ページの表から分かることを、ノートに書きましょう。**表の読み方** 解答「泳ぐ速さは（時速四・〇）から（時速八・〇）キロメートルの（せまい）範囲におさまっている。」

6 〈指示〉これらの図と表から考えられることは何か、括弧に言葉を書き入れましょう。**共通性の書き方** 解答「動物たちにとって大切なことは、できるだけ（速く泳ぐ）ことではなく、できるだけ（楽に移動する）ことだ。」

7 〈説明〉ここまでの学習を基にして、要旨を書きます。要旨とは、書き手の中心となる考えをまとめた文章です。**要旨の説明**

8 〈指示〉括弧に当てはまる言葉を「むすび」から探しましょう。原稿用紙に次の文章〈黒板に掲示〉をグループで話し合いながら、書きましょう。**要旨の書き方** 解答「（海の中でくらす）動物たちは（深い）ところにいるえさをとるために、（深く長く）もぐる能力を身につけ、つかれることなく泳ぎ続けられる（ちょうどよい）速さを選んでいた。それぞれの（生息環境）に合わせて日々のくらしぶりをくふうし続けた。動物たちから（学べる）ことは、まだたくさん残されている。」

9 〈指示〉「動物たちが教えてくれる海の中のくらし」の感想を発表しましょう。一人30秒ぐらいです。Aさんから、どうぞ。**感想の話し合い**〈他の人と同じでもよいと話す。思いつかない児童には

「後で話します」と言うように伝える。）

10　〔指示〕学習したことを思い出しながら、全文をそろえて読みましょう。「地球の表面の……」ハイ（3分50秒）。最後も上手に読むことができました。回数を重ねるごとに上手くなっています。

一斉音読

11　〔説明〕これで「動物たちが教えてくれる海の中のくらし」の学習を終わります。　**学習の意義**

(3)　第3時の授業評価……図や表から事実を整理し、要旨を記述している。

8　同様に学習できる他の教科書教材

「インターネット・コミュニケーション」（学校図書）

「ブナの森が支える豊かな自然」（教育出版）

「固有種が教えてくれること」（光村図書）

―第3時の板書計画―

動物たちが教えてくれる海の中のくらし

段落　文章構成　キーワード

①②「はじめ」バイオロギング

③④「なか1」泳ぐ速さと体の大きさの関係

⑤⑥「なか2」マッコウクジラの海中での動き

⑦「なか3」いろいろな動物の泳ぐ速さ

⑧「まとめ」できるだけ楽に移動する

⑨⑩「むすび」動物たちから学べること

(1)○　図や表から事実を整理する

図から分かること

体が（　大きい　）からといって、必ずしも（　速く　）泳ぐわけではなさそうだ。

(2)　表から分かること

泳ぐ速さは（時速四・〇）から（時速八・〇）キロメートルの（せまい）範囲におさまっている。

(3)　図と表から考えられること

動物たちにとって大切なことは、できるだけ（速く泳ぐ）ことではなく、できるだけ（楽に移動する）ことだ。

○　要旨

6年

イースター島にはなぜ森林がないのか

東京書籍

1　教材の特徴

(1)「はじめ」「なか」「まとめ」「むすび」という構成の「論説」の文章である。

(2)「なか」は「なか1-1・なか1-2」「なか2-1・なか2-2・なか2-3」「なか3」「なか4」に分けることができる。

(3)「なか」のキーワードは「森林破壊」である。それが「ポリネシア人・上陸」「ラット・上陸」「農地にするため」「丸木船を作る」「宗教的・文化的な目的（モアイ像）」「生態系へのえいきょう」「深刻な食りょう不足」の七つの具体的事例によって支えられている。

(4)具体的事例は並列の関係ではなく、森林が消滅する過程を物語のように、時系列に沿って展開されている。

(5)「なか」は形式段落が多用されているため、意味段落のキーワードを抽出するとよい。

(6) 文明に関する記述をはじめ、小学6年には高度な内容である。現代社会における環境問題と関連づけて読むことが難しく、理解に時間を要する教材である。

2 文章構成

形式段落	意味段落	文章構成	段落の役割	キーワード
1、2	一	はじめ	概要	イースター島に森林はほとんど見られない
3～5	二	なか1-1	具体的事例1	ポリネシア人・上陸
6、7	三	なか1-2	具体的事例2	ラット・上陸
8～10	四	なか2-1	具体的事例3	農地にするため
11、12	五	なか2-2	具体的事例4	丸木船を作る
13～17	六	なか2-3	具体的事例5	宗教的・文化的な目的（モアイ像）
18～21	七	なか3	具体的事例6	生態系へのえいきょう
22～24	八	なか4	具体的事例7	深刻な食りょう不足
25、26	九	まとめ	共通する性質	悲惨できびしい運命
27	十	むすび	主張	子孫に深く思いをめぐらす文化

3　学習目標

(1)　文章構成を理解している。

(2)　意味段落からキーワードを考えて、探している。

(3)　事実を整理して、原因と結果の関係を把握している。

4　学習計画（4時間扱い）

「第1時」　(1)　全文を一斉音読する。

「第2・3時」　(2)　「はじめ」「なか1・2・3・4」「まとめ」「むすび」という文章構成を確認する。

(3)　意味段落のキーワードを話し合い、意味段落の役割や関係を理解する。

「第4時」　(4)　事実を整理して、原因と結果とを結びつけている。

5　第1時の学習

(1)　第1時の学習目標……文章をすらすらと一斉音読して、文章構成を確認している。

(2)　第1時の主な発問・指示・説明

1 〔指示〕今日から「イースター島にはなぜ森林がないのか」を学習します。題名を読みましょう。本時の学習内容の提示（題名を大きくはっきり板書する。）

2 〔指示〕先生が文章を読みます。皆さんは教科書を見ながら聞きましょう。第1形式段落の範読（1分間に400字程度の速さで、淡々と読み、難語句も説明する。）

3 〔発問〕読み方が分からない文字がありましたか。読み方の確認

4 〔指示〕「……火山島でもある。」の下に「①」と書きましょう。段落番号

5 〔指示〕1段落をそろえて読みましょう「チリの……」ハイ（22秒）。一斉音読（句読点は語句・文を見やすく区切る記号のため、音読では句読点で息継ぎをしないで、すらすらと読む。一斉音読では読み誤りや、そろわないとき、そこで止めてから読み直させる。）

6 〔説明〕すらすらと上手に読めました。一斉音読の評価（一斉音読は必ず褒める。）

7 〔指示〕先生が続きを読みます。皆さんは教科書を見ながら聞きましょう。第2形式段落の範読

8 〔発問〕読み方が分からない文字がありましたか。読み方の確認

9 〔指示〕「……明らかになった。」の下に「②」と書きましょう。段落番号

10 〔指示〕2段落をそろえて読みましょう「現在、……」ハイ（15秒）。一斉音読

11 〔説明〕上手に読めました。一斉音読の評価

12 （第3から27形式段落では形式段落を複数まとめて、2〔指示〕から6〔説明〕を行う。）

13 〔発問〕段落はいくつありましたか。この文章は「はじめ」「なか」「まとめ」「むすび」に分けることができます。話し合いながら、1から27段落を四つのまとまりに分けましょう。文章構成 解

答：二十七（はじめ）1、2段落（なか）3から24段落（まとめ）25、26段落（むすび）27段落

14〔指示〕黒板に書いてあることをノートに丁寧に書き写しましょう。ノートの書き方

15〔指示〕学習したことを思い出しながら、全文をそろえて読みましょう。「チリの……」ハイ（6分40秒）。とても上手になりました。一斉音読（学習の最後に行う一斉音読はまとめの学習になる。授業者の解説は入れない方がよい。）

16〔説明〕今日は文章を声に出して読み、四つのまとまりに分けました。学習の意義

17〔説明〕次の時間はキーワードを探す学習をします。次時の予告

(3)　第1時の授業評価……文章をすらすらとそろえて読み、文章構成を確認している。

6　第2・3時の学習

(1)　第2・3時の学習目標……意味段落のキーワードを話し合いながら、取り出している。

(2)　第2・3時の主な発問・指示・説明

1〔説明〕前の時間に「イースター島にはなぜ森林がないのか」を四つのまとまりに分けました。今日は意味段落からキーワードを探します。本時の学習内容の提示

2〔指示〕（全文の一斉音読後）1、2段落をそろえて読みましょう。「チリの……」ハイ（22秒）。（以下、第3から27形式段落を意味段落ごとに一斉音読後、キーワードを取り出す。）

3〔指示〕この文章の話題は何ですか。2段落の言葉で言いましょう。キーワードの抽出（第1意

味段落のキーワードは探しにくいので「話題」と言い換え、考える方向を示す。「島」を「イースター島」とする。）解答「イースター島には森林はほとんど見られない」

4〔説明〕キーワードは「話のまとまり」を意識し、何の説明か考えましょう。**一段落一事項の原則**

5〔指示〕（一斉音読後）「なか1-1」3から5段落のキーワードを話し合って、探しましょう。**キーワードの抽出**（以下、キーワードの抽出等では、4人グループをつくり、その代表者が順番に、あるいは早く探した児童5名が黒板に書く。6〔指示〕以降、繰り返しの学習になるが、楽しく取り組むことができる。キーワードに「上陸」を補う。）解答「ポリネシア人・上陸」

6〔指示〕（一斉音読後）「なか1-2」6、7段落のキーワードを話し合いながら、探しましょう。**キーワードの抽出**（キーワードに「上陸」を補う。）解答「ラット・上陸」

7〔指示〕（一斉音読後）「なか2-1」8から10段落のキーワードを話し合いながら、探しましょう。**キーワードの抽出** 解答「農地にするため」

8（「なか2-2」11、12段落、「なか2-3」13から17段落も同じく、一斉音読後、5〔指示〕を行う。）解答：11、12段落「丸木船を作る」 13から17段落「宗教的・文化的な目的（モアイ像）」

9〔説明〕8から17段落までは「森林が失われた原因」の一つである「森林伐採」が書いてあります。ここまでを「なか2」とします。**文章構成の説明**

10〔第2時は9〔説明〕までとする。第2時の最後にノートへの記入、全文の一斉音読、学習の意義、次時の予告を入れる。11から第3時となる。第3時の最初に本時の学習内容を提示し、全文を一斉音読する。）

11（「なか3」18から21段落、「なか4」22から24段落も同じく、一斉音読後、5〔指示〕を行う。）
解答：18から21段落「生態系へのえいきょう」 22から24段落「深刻な食りょう不足」

12〔説明〕24段落まで、イースター島の「森林が失われた原因とその経緯」を説明しています。次から「まとめ」に入ります。**文章構成の説明**

13〔指示〕（一斉音読後）「まとめ」25、26段落のキーワードを話し合いながら、探しましょう。**キーワードの抽出** 解答「悲惨できびしい運命」

14〔指示〕（一斉音読後）「むすび」27段落のキーワードを話し合いながら、探しましょう。**キーワードの抽出** 解答「子孫に深く思いをめぐらす文化」

15〔発問〕筆者は「むすび」で「子孫に深く思いをめぐらす文化」が必要であると述べています。このように述べたのは、なぜですか。**考察と結論の関係** 解答例：イースター島の歴史のように、悲惨できびしい運命をたどってしまうから

16〔指示〕「なか」でイースター島の「森林が失われた原因とその経緯」を学習しました。森林が失われた原因は何か、一字で言いましょう。**考察と具体的事例の関係** 解答「人」

17〔説明〕（ノートへの記入と全文の一斉音読後）今日は意味段落のキーワードを探しました。**学習の意義**

18〔説明〕次の時間はイースター島の「森林が失われた原因とその経緯」を整理します。**次時の予告**

(3) 第2・3時の授業評価……話し合いを通して、意味段落からキーワードを探している。

7　第4時の学習

(1)　第4時の学習目標……イースター島の「森林が失われた原因とその経緯」を整理している。

(2)　第4時の主な発問・指示・説明・板書計画

1〔説明〕前の時間は「イースター島にはなぜ森林がないのか」からキーワードを探しました。今日はイースター島の「森林が失われた原因とその経緯」を整理します。本時の学習内容の提示

2〔指示〕全文をそろえて読みましょう。「チリの……」ハイ（6分40秒）。最後まで上手に読めました。一斉音読

3〔指示〕3から27段落を事実が書いてある段落、考えが書いてある段落、主張が書いてある段落に分けましょう。段落の役割　解答：（事実）3から24段落（考え）25、26段落（主張）27段落

4〔発問〕段落ごとのキーワードを皆さんで言いましょう。1、2段落のキーワードは何ですか。キーワードの確認（27段落まで同じく聞いた後、段落、文章構成、キーワードをノートへ記入。）解答「イースター島に森林はほとんど見られない」（以下、省略。キーワードは板書を参照のこと）

5〔指示〕イースター島の「森林が失われた原因とその経緯」を整理します。空いている括弧に語句・文を書きましょう。また、上の山括弧に「原因」か「結果」を書きましょう。事実の整理、因果関係

解答例

〈原因〉(1) 約千六百年前、(イースター島にポリネシア人たちが上陸した)。

〈原因〉(2) ポリネシア人が長い船旅の食りょうとするために船に乗せていた(ラットも上陸した)。

〈原因〉(3) (人々が森林を切り開いた)。

① (農地にする) ために森林を切り開いた。

② (大きな魚や無人島の海鳥をとらえるために、丸木船を作った)。

③ (宗教的・文化的な目的で、モアイ像を製作するために、森林が伐採された)。

〈原因〉(4) (野生化したラットがヤシの実を食べたため、新しい木が芽生えて育たなかったようだ)。

〈結果〉(5) 森林はなく、その結果地表の土が雨や風に流され、畑はやせ細っていた。

〈結果〉(6) (丸木船を作る材木がなくなり、魚や海鳥をとることができなくなった)。

〈結果〉(7) (イースター島は深刻な食りょう不足におちいった)。

〈結果〉(8) 食りょうをうばい合う村どうしの争いが絶えず、人口は最も繁栄したころの三分の一にまで減少した。

6 〔説明〕「なか」では人間によるイースター島の繁栄と衰退の過程も書かれています。その過程を基に「まとめ・むすび」でイースター島の歴史から学び、人類の存続のために「子孫に深く思いをめぐらす文化」が必要という主張を筆者は導き出しています。 **事例、考察、結論の説明**

7 〔指示〕(ノートへの記入後) 学習したことを思い出しながら、全文をそろえて読みましょう。「チ

リの……」ハイ（6分40秒）。最後まですらすらと読み通せました。**一斉音読**

8〔指示〕感想を発表しましょう。一人30秒ぐらいです。Aさんから、どうぞ。**感想の話し合い**（他の人と同じ感想でもよいと話す。思いつかない児童には「後で話します」と言うように伝える。）

9〔説明〕これで「イースター島はなぜ森林がないのか」の学習を終わります。**学習の意義**

(3) 第3時の授業評価……イースター島の森林破壊の原因、経緯、結果を箇条書きにしている。

8 同様に学習できる他の教科書教材

「AI（人工知能）と私たちの未来」（学校図書）

「笑うから楽しい」（光村図書）

「時計の時間と心の時間」（光村図書）

「メディアと人間社会」（光村図書）

—第4時の板書計画—

イースター島にはなぜ森林がないのか

段落	文章構成	キーワード
1、2	「はじめ」	イースター島に森林はほとんど見られない
3〜5	「なか1−1」	ポリネシア人・上陸
6、7	「なか1−2」	ラット・上陸
8〜10	「なか2−1」	農地にするため
11、12	「なか2−2」	丸木船を作る
13〜17	「なか2−3」	宗教的・文化的な目的（モアイ像）
18〜21	「なか3」	生態系へのえいきょう
22〜24	「なか4」	深刻な食りょう不足
25、26	「まとめ」	悲惨できびしい運命
27	「むすび」	子孫に深く思いをめぐらす文化

イースター島の「森林が失われた原因とその経緯」

〈原因〉(1) 約千六百年前、（イースター島にポリネシア人たちが上陸した）。

〈原因〉(2) ポリネシア人が長い船旅の食りょうとするために船に乗せていた（ラットも上陸した）。

〈原因〉(3) （人々が森林を切り開いた）。
①（農地にする）ために森林を切り開いた。
②（大きな魚や無人島の海鳥をとらえるために、丸木船を作った）。
③（宗教的・文化的な目的で、モアイ像を製作するために、森林が伐採された）。

〈原因〉(4) （野生化したラットがヤシの実を食べたため、新しい木が芽生えて育たなかったようだ）。

〈結果〉(5) 森林はなく、その結果地表の土が雨や風に流され、畑はやせ細っていた。

〈結果〉(6) （丸木船を作る材木がなくなり、魚や海鳥をとることができなくなった）。

〈結果〉(7) （イースター島は深刻な食りょう不足におちいった）。

〈結果〉(8) 食りょうをうばい合う村どうしの争いが絶えず、人口は最も繁栄したころの三分の一にまで減少した。

第3章

授業実践

―文学的文章編―

1年

たぬきの糸車

光村図書

Ⅰ　教材の特徴

(1)「たぬきの糸車」は語りの文章を中心に展開する創作物語である。助けられた動物が恩返しをするという昔話の要素が含まれている。

(2)主人公の「たぬき」は「きこりのふうふ」にいたずらをしていたが、「おかみさん」に罠から助けられたことをきっかけに改心し、恩返しをする。

(3)簡潔な文体で、「たぬき」の人物像が明確に変化するとともに、ハッピーエンドの構造をもつ。

(4)「たぬき」は糸車を見て目玉を回し、糸車を回すまねをするという様子がユーモラスに描かれ、児童が楽しめる作品である。

2 作品の構成

場面	場面の名づけ	場面の区切り
一	たぬきがいたずらをする。	「むかし、……しかけました。」
二	たぬきが糸つむぎのまねをする。	「ある月のきれいな……かわいいな。』」
三	たぬきがおかみさんにたすけられる。	「あるばん、……やりました。」
四	きこりのふうふが村におりる。	「やがて、山の……いきました。」
五	たぬきはよろこんだ。	「はるになって、……いきましたとさ。」

3 学習目標

(1) 繰り返し音読して、音読に慣れる。
(2) 学習を通して、物語の内容を理解する。
(3) 話し合いを通して、人物像の変化に気づく。

4　学習計画（4時間扱い）

「第1時」(1)　全文を一斉音読して、場面ごとに名前をつける。
「第2時」(2)　前半部のいくつかの課題を考え、話し合う。
「第3時」(3)　後半部のいくつかの課題を考え、話し合う。
「第4時」(4)　人物像の変化や、作品全体の感想を話し合う。

5　第1時の学習

(1)　第1時の学習目標……文章をすらすらと一斉音読し、内容の大体を理解する。
(2)　第1時の主な発問・指示・説明

1　〔指示〕今日から「たぬきの糸車」を学習します。題名を読みましょう。 本時の学習内容の提示 〔題名を大きくはっきりと板書する。〕
2　〔指示〕「むかし、……」の上に一と書きましょう。 物語の構成を意識させる
3　〔指示〕先生が文章を読みます。皆さんは教科書を見ながら聞きましょう。 一場面の範読 （1分間に250字程度の速さで淡々と読み、語句の説明もする。「分かち書き」は音読に反映させない。）
4　〔指示〕「……しかけました。」の後に鉛筆で線を引きましょう。ここまでが一場面です。 場面の

区切り

5〔発問〕読み方が分からない文字がありましたか。読み方の確認

6〔指示〕一場面をそろえて読みましょう「むかし、……」ハイ（20秒）。一斉音読（読点は語句を見やすく区切る記号のため、音読では読点で息継ぎをしないで、すらすらと読む。）

7〔指示〕そろえて読みましょう。「むかし、……」ハイ。止めて。「山おくの……」ハイ（20秒）。一斉音読（読み誤りがあったときや、そろわないときは、一度止めてから読み直させる。）

8〔説明〕上手に読めました。一斉音読の評価（一斉音読は必ず褒める。）

9〔説明〕一場面は「たぬきがいたずらをする。」と名前をつけます。場面の名づけ（一場面と五場面は名前をつけるのが難しいため、授業者がつけるとよい。）

10〔指示〕（二場面の一斉音読後）周りの人と話し合いながら、二場面に名前をつけましょう。物語の構成を意識させる（書き上げた児童5名が黒板に書く。他の児童は板書を参考にして理想的な答えをノートに書く。）解答例：二場面「たぬきが糸つむぎのまねをする。」

11（三、四場面は同じように、一斉音読後、10〔指示〕を行う。五場面は授業者が「たぬきはよろこんだ。」と名前をつける。）解答例：三場面「たぬきがおかみさんにたすけられる。」四場面「きこりのふうふが村におりる。」

12〔指示〕あらすじを読みましょう。「一　たぬきがいたずらをする。二　たぬきが糸つむぎのまねをする。三……」ハイ（25秒）。場面の名づけの確認

13〔発問〕この話にはだれが出てきましたか。登場人物の確認　解答例：きこりのだんなさん、きこ

りのおかみさん、たぬき

14〔指示〕この3人が登場人物です。ノートに書きましょう。ノートの書き方

15〔指示〕学習したことを思い出しながら、全文をそろえて読みましょう。「むかし、……」ハイ（3分）。長い文章を上手に読めました。一斉音読（学習の最後に行う一斉音読はまとめの学習になる。授業者の解説は入れない方がよい。）

16〔説明〕今日は「たぬきの糸車」を声に出して読み終えました。学習の意義

17〔説明〕次の時間は、場面ごとに課題を話し合います。次時の予告

(3) 第1時の授業評価……物語を一斉音読して、音読の仕方を身につけている。

6 第2時の学習

(1) 第2時の学習目標……前半部のいくつかの課題を考え、話し合っている。

(2) 第2時の主な発問・指示・説明

1〔説明〕今日は「たぬきの糸車」の一、二、三場面を話し合います。本時の学習内容の提示

2〔指示〕（一場面の一斉音読後）たぬきは毎晩、何をしましたか。周りの人と話し合いましょう。人物像（以下、課題は周りの人と話し合った後、児童のつぶやきや、指名等で授業を進める。）解答「いたずらをしました。」

3〔指示〕「いたずらをしました。」に線を引きましょう。人物像

4 〔指示〕いたずらに困ったきこりは何をしましたか。分かる言葉に線を引きましょう。語り 解答「わなをしかけました。」

5 〔指示〕（二場面の一斉音読後）ある月のきれいな晩に、おかみさんがしていた仕事に線を引きましょう。語り 解答「糸車をまわして、糸をつむいでいました。」

6 〔指示〕たぬきは糸車を回すおかみさんの様子を見ています。そのとき、たぬきがしていたことを大きく四角い枠で囲みましょう。人物像 解答「ふと気がつくと、……かげがうつりました。」

7 〔指示〕糸車を回すまねをするたぬきを見て、おかみさんはどう思いましたか。おかみさんの言葉に線を引きましょう。会話 解答「いたずらもんだが、かわいいな。」

8 〔発問〕（三場面の一斉音読後）たぬきは罠に掛かりましたか。語り 解答：かかった。

9 〔発問〕罠に掛かったたぬきの心の様子は次の①②のうち、どちらですか。①いたいよ。だれかたすけて。もういたずらはやめるよ。②あしたもいたずらをしよう。たのしいな。人物像 解答：①

10 〔指示〕おかみさんは罠に掛かったたぬきを見てどう思いましたか。探して線を引きましょう。会話 解答「かわいそうに。わなになんかかかるんじゃないよ。たぬきじるにされてしまうで。」

11 〔発問〕たぬきは助けてもらったとき、嬉しかったですか、悲しかったですか。人物像 解答：うれしかった。

12 〔指示〕たぬきの様子をノートに書きましょう。ノートの書き方 解答例：わなにかかったたぬきが、おかみさんにたすけてもらった。

13 〔説明〕（全文の一斉音読後）今日は一、二、三場面を話し合いました。学習の意義

14〔説明〕次の時間は「たぬきの糸車」の四、五場面を話し合います。次時の予告

(3) 第2時の授業評価……前半部のいくつかの課題を話し合い、人物像や文体に気づいている。

7　第3時の学習

(1) 第3時の学習目標……後半部のいくつかの課題を考え、話し合っている。

(2) 第3時の主な発問・指示・説明

1〔説明〕今日は「たぬきの糸車」の四、五場面を話し合います。本時の学習内容の提示

2〔指示〕（全文の一斉音読後、さらに四場面の一斉音読をした後）冬になるときこりの夫婦はどこへ行きましたか。丸で囲みましょう。語り 解答「村」

3〔指示〕（五場面の一斉音読後）春になって山奥の小屋に戻ったおかみさんが、驚いたことは何ですか。見つけて四角い枠で囲みましょう。語り 解答「いたの間に、……かかっています。」

4〔指示〕糸のたばを見たおかみさんの心の様子が分かる言葉を見つけて線を引きましょう。会話 解答「はあて、ふしぎな。どうしたこっちゃ。」

5〔指示〕糸車の回る音がしてきました。だれが何をしていましたか。分かるところに線を引きましょう。語り 解答「たぬきが、じょうずな手つきで、糸をつむいでいるのでした。」

6〔指示〕たぬきはおかみさんが気づいてくれて嬉しく思っています。それが分かるところに線を引きましょう。人物像 解答「うれしくて……ぴょんぴょこおどりながらかえっていきましたとさ。」

7〔指示〕たぬきの様子をノートに書きましょう。ノートの書き方 解答例：たぬきがじょうずな手つきで糸をつむいでいた。ぴょんぴょこおどりながらかえっていった。

8〔説明〕（全文の一斉音読後）今日は四、五場面を話し合いました。学習の意義

9〔説明〕次の時間は「たぬきの糸車」の感想を話し合います。次時の予告

(3) 第3時の授業評価……後半部のいくつかの課題を話し合い、人物像や様子に気づいている。

8 第4時の学習

(1) 第4時の学習目標……人物像の変化や感想を話し合っている。

(2) 第4時の主な発問・指示・説明・板書計画

1〔説明〕今日はたぬきの変化や感想を話し合います。本時の学習内容の提示

2〔指示〕（全文の一斉音読後）初め、たぬきはきこりの夫婦にどんなことをしていましたか。近くの人と話し合いましょう。初めの人物像（以下の課題は話し合う。）解答例：いたずらをした。

3〔発問〕たぬきはどんなたぬきに変わりましたか。終わりの人物像 解答例：おかみさんのいないふゆのあいだに糸をつむいだ。おんがえしをした。

4〔発問〕たぬきが変わったきっかけは何ですか。人物像の変化の理由 解答例：わなにかかったたぬきをおかみさんがたすけた。

5〔指示〕「たぬきの糸車」の感想を発表しましょう。一人30秒ぐらいです。Aさんから、どう

ぞ。**感想の話し合い**（他の人と同じ感想でもよいと話す。思いつかない児童には「後で話します」と言うように伝える。）

6〔説明〕（ノートへの記入と全文の一斉音読後）今日はたぬきが変わっていく様子とそのきっかけを学び、感想を発表しました。これで「たぬきの糸車」の学習を終わります。**学習の意義**

(3) 第3時の授業評価……人物像の変化を確かめ、感想を話し合っている。

9 同様に学習できる他の教科書教材

「花さかじいさん」（東京書籍）
「はじめは『や！』」（学校図書）
「ろくべえ　まってろよ」（学校図書）
「くじらぐも」（光村図書）

―第4時の板書計画―

たぬきの糸車

○ たぬきがかわっていくようす

はじめのようす……いたずらをした。

←きっかけ

わなにかかったたぬきを
おかみさんがたすけた。

おわりのようす……糸をつむいだ。
おんがえしをした。

○ かんそう

○

2年/1年

スイミー

学校図書・光村図書2年/東京書籍・教育出版1年

1 教材の特徴

(1) 「スイミー」は語りの文章を中心に展開する、創作物語である。
(2) 主人公スイミーは真っ黒で泳ぎが速いという特徴が冒頭で端的に示され、伝承物語の冒頭と類似している。
(3) 簡潔な文体で、人物像が明確に変化するとともに、ハッピーエンドの構造をもつ。
(4) 知恵と勇気によって、困難な状況を克服するという伝承物語の要素を備えている。
(5) 一人取り残された孤独な状況から仲間と協力し、敵を追い出す英雄へと、主人公が成長する。
(6) 海の生き物たちが、孤独なスイミーの視点によって美しく描写されている。

2 作品の構成

場面	場面の名づけ	場面の区切り
一	魚のきょうだいたちが楽しくくらしていた。	「広い海の……名前はスイミー。」
二	スイミーは一ぴきだけにげた。	「ある日、……かなしかった。」
三	スイミーは元気をとりもどした。	「けれど、……いそぎんちゃく。」
四	スイミーはみんなに教えた。	「そのとき、……もちばをまもること。」
五	みんなで大きな魚をおい出した。	「みんなが、……魚をおい出した。」

3 学習目標

(1) 繰り返し音読して、音読の仕方を理解している。
(2) 学習を通して、語りや描写の読み方に気づいている。
(3) 話し合いを通して、人物像の変化を確認している。

4　学習計画（4時間扱い）

「第1時」(1)　全文を一斉音読して、場面ごとに名前をつける。
「第2時」(2)　前半部のいくつかの課題を考え、話し合う。
「第3時」(3)　後半部のいくつかの課題を考え、話し合う。
「第4時」(4)　人物像の変化や、作品全体の感想を話し合う。

5　第1時の学習

(1)　第1時の学習目標……文章をすらすらと一斉音読している。
(2)　第1時の主な発問・指示・説明

1〔指示〕今日から「スイミー」を学習します。題名を読みましょう。本時の学習内容の提示（題名を大きくはっきり板書する。）
2〔指示〕先生が文章を読みます。皆さんは教科書を見ながら聞きましょう。一場面の範読（1分間に300字程度の速さで、淡々と読み、語句の説明もする。「分かち書き」は音読に反映させない。）
3〔発問〕読み方が分からない文字がありましたか。読み方の確認
4〔指示〕「……名前はスイミー。」の下に「一」と書きましょう。物語の構成を意識させる

5〔指示〕一場面をそろえて読みましょう。「広い海の……」ハイ（18秒）。**一斉音読**（句読点は語句・文を見やすく区切る記号のため、音読では句読点で息継ぎをしないで、すらすらと読む。）

6〔指示〕「一ぴきだけ」をそろえて読みましょう。他の人の声を聞きながら、もう一度、読みましょう。「広い海の……」ハイ（18秒）。**一斉音読**（一斉音読は読み誤りや、そろわないとき、そこで止めてから読み直させる。）

7〔説明〕上手に読めました。**一斉音読の評価**（一斉音読は必ず褒める。）

8〔説明〕一場面は「魚のきょうだいたちが楽しくくらしていた。」と名前をつけます。**場面の名づけ**（一場面と五場面は名前をつけるのが難しいため、授業者がつけるとよい。）

9〔指示〕（二場面の一斉音読後）二場面に名前を、周りの人と話し合いながら、つけましょう。**物語の構成を意識させる**（書き上げた児童5名が黒板に書く。他の児童は板書を参考にして理想的な答えをノートに書く。）解答例：二場面「スイミーは一ぴきだけにげた。」

10（三、四場面は同じように、一斉音読後、9〔指示〕を行う。五場面は授業者が「みんなで大きな魚をおい出した。」と名前をつける。）解答例：三場面「スイミーは元気をとりもどした。」四場面「スイミーはみんなに教えた。」

11〔指示〕学習したことを思い出しながら、全文をそろえて読みましょう。「広い海の……」ハイ（3分2秒）。長い文章を読めました。**一斉音読**（学習の最後に行う一斉音読はまとめの学習になる。授業者の解説は入れない方がよい。）

12〔説明〕今日は「スイミー」を声に出して読み終えました。**学習の意義**

13〔説明〕次の時間は、場面ごとに課題を話し合います。次時の予告

(3) 第1時の授業評価……物語を一斉音読して、音読の仕方を身につけている。

6 第2時の学習

(1) 第2時の学習目標……前半部のいくつかの課題を考え、話し合っている。

(2) 第2時の主な発問・指示・説明

1〔説明〕今日は「スイミー」の一、二、三場面を話し合います。本時の学習内容の提示

2〔発問〕（一場面の一斉音読後）スイミーたちは、物語の初めでどのような様子でしたか。周りの人と話し合いましょう。人物像（以下、課題は周りの人と話し合った後、児童のつぶやきや、指名等で授業を進める。）解答例：楽しくくらしていた。

3〔発問〕スイミーは小さな魚の兄弟たちと違うところが二つありました。それは何ですか。人物像 解答「まっくろ」「およぐのは、だれよりもはやかった」

4〔発問〕スイミーたちはずっと楽しく暮らしましたか。人物像 解答例：ずっとは楽しくくらしていない。まぐろに小さな赤い魚たちはのみこまれる。

5〔指示〕（二場面の一斉音読後）恐ろしい敵の様子を描いたところを四角い枠で囲みましょう。人物描写 解答「ある日、おそろしいまぐろが、……ミサイルみたいにつっこんできた。」

6〔指示〕スイミーがひとりぼっちだったとき、その心の様子が描かれているところに、線を引きま

しょう。語り 解答「こわかった。さびしかった。とてもかなしかった。」

7〔指示〕（三場面の一斉音読後）スイミーが見た、海の美しい様子を四角い枠で囲みましょう。情景描写 解答「にじ色のゼリー……いそぎんちゃく。」

8〔指示〕海の生き物を登場した順に言いましょう。情景描写 解答：くらげ、いせえび、魚たち、こんぶやわかめの林、うなぎ、いそぎんちゃく

9〔指示〕黒板をノートに書き写しましょう。ノートの書き方

10〔説明〕（全文の一斉音読後）今日は「スイミー」の一、二、三場面を話し合いました。学習の意義

11〔説明〕次の時間は「スイミー」の四、五場面を話し合います。次時の予告

(3) 第2時の授業評価……前半部のいくつかの課題を話し合い、人物像や文体に気づいている。

7 第3時の学習

(1) 第3時の学習目標……後半部のいくつかの課題を考え、話し合っている。

(2) 第3時の主な発問・指示・説明

1〔説明〕今日は「スイミー」の四、五場面を話し合います。本時の学習内容の提示

2〔指示〕（一から四場面を一斉音読後）スイミーは仲間をつくることが上手です。それが分かるところを四角い枠で囲みましょう。会話 解答「スイミーは……かんがえなくちゃ。』」

3〔発問〕スイミーが遊ぼうと言ったのに、小さな赤い魚たちは、なぜ「だめだよ」と言ったのです

か。会話 解答例：大きな魚に食べられてしまうから。

4 スイミーは赤い魚たちに「だめだよ」と言われ、遊ぶことを諦めましたか。語り 解答例：あきらめなかった。「じっとしているわけにはいかないよ。」と言って、いろいろ、うんと考えた。

5〔発問〕スイミーが考えついたことは何ですか。会話 解答例：大きな魚のふりをして、みんなでいっしょにおよぐこと。

6〔発問〕大きな魚のふりは、すぐにできましたか。解答例：できなかった。大きな魚のふりをするために、どのような約束を二つしましたか。知恵 解答「けっしてはなればなれにならないこと」「みんな、もちばをまもること」

7〔発問〕（五場面の一斉音読後）スイミーが黒かったからできたことは、何ですか。知恵 解答例：大きな魚のふりをするとき、目になること。

8〔発問〕スイミーたちは大きな魚に負けましたか。解答例：負けなかった、大きな魚をおい出した。スイミーは初めから強かったですか。人物像 解答例：弱かった。元気をとりもどし、うんと考え、みんなと力を合わせ、強くなった。

9〔説明〕（ノートへの記入と全文の一斉音読後）「スイミー」の後半を話し合いました。学習の意義

10〔説明〕次の時間は「スイミー」の感想を話し合います。次時の予告

(3) 第3時の授業評価……後半部のいくつかの課題を話し合い、人物像や文体に気づいている。

8 第4時の学習

(1) 第4時の学習目標……人物像の変化や感想を話し合っている。

(2) 第4時の主な発問・指示・説明・板書計画

1〔説明〕今日はスイミーの変化や感想を話し合います。本時の学習内容の提示

2〔発問〕(全文の一斉音読後)「スイミー」には、だれが登場しましたか。出てきた順にノートに書きましょう。登場人物の確認 解答：小さな魚のきょうだいたち、スイミー、まぐろ、スイミーのとそっくりの、小さな魚のきょうだいたち(海で見たすばらしい生き物を入れることもできる。)

3〔発問〕スイミーは初め、小さな魚のきょうだいたちと一緒に、まぐろから逃げることができましたか。初めの人物像 解答例：いっしょに、にげることができなかった。赤い魚たちはまぐろにのみこまれ、ひとりぼっちになる。弱かった。

4〔発問〕最後に、スイミーは一匹だけで、大きな魚を追い出しましたか。終わりの人物像 解答例：一ぴきだけではない。小さな赤い魚たちといっしょに、大きな魚をおい出した。強くなった。

5〔発問〕ひとりぼっちになったスイミーは、仲間と一緒になって大きな魚を追い出すことができました。スイミーが変わったきっかけは何ですか。人物像の変化の理由 解答例：知えをしぼった。二つのやくそくを教えた。みんなで大きな魚のふりをした。目になった。

6〔指示〕「スイミー」の感想を発表しましょう。一人30秒ぐらいです。Aさんから、どうぞ。感想

の話し合い（他の人と同じ感想でもよいと話す。思いつかない児童には「後で話します」と言うように伝える。）

7〔説明〕（ノートへの記入と全文の一斉音読後）これで「スイミー」の学習を終わります。**学習の意義**

(3) 第3時の授業評価……人物像の変化を確かめ、感想を話し合っている。

9 同様に学習できる他の教科書教材

「かさこじぞう」（東京書籍、学校図書、教育出版）
「アレクサンダとぜんまいねずみ」（教育出版）
「スーホの白い馬」（光村図書）

―第4時の板書計画―

スイミー

○
1 とう場人ぶつ
2 小さな魚のきょうだいたち
3 スイミー
4 まぐろ
スイミーのとそっくりの、小さな魚のきょうだいたち

○
スイミーがかわっていくようす

はじめのようす……ひとりぼっち。弱かった。

↓ きっかけ

（知えをしぼった。）
（二つのやくそくを教えた。）
1 けっしてはなればなれにならないこと
2 みんな、もちばをまもること
（みんなで大きな魚のふりをした。）
（目になった。）

終わりのようす……大きな魚をおい出した。強くなった。

○
かんそう

3年

モチモチの木

東京書籍・学校図書・教育出版・光村図書

1 教材の特徴

(1) 「モチモチの木」は語り、会話、描写によって展開する創作物語である。
(2) 「豆太」は「じさま」の具合が悪くなるという突然の悲劇により人物像が明確に変化している。
(3) 「豆太」は「おくびょうなやつ」として描かれ、「勇気のある子ども」になった後も、また「おくびょう」に戻るという作品の構造をもつ。
(4) 方言をはじめ、児童が親しみを感じるユーモラスな表現が多い。
(5) 「勇気のある子どもだけ」が見られる、「山の神様のお祭り」の場面で、「モチモチの木に灯がともる」という言い伝えや、そのシーンが神秘的で美しく描写されている。
(6) 斎藤隆介作品のテーマにはだれかを思い、行動する勇気や献身的な愛情、人の優しさと強さなどがあり、本教材においてもそれが描かれている。

2 作品の構成

場面	場面の名づけ	場面の区切り
一	おくびょうな豆太	「全く、豆太ほど……おくびょうなんだろうか――。」
二	モチモチの木	「モチモチの木ってのはな、……だめなんだ。」
三	山の神様のお祭り	「そのモチモチの木に、……ねてしまった。」
四	医者様をよびに行った豆太	「豆太は、真夜中に、……いそがしかったからな。」
五	勇気のある子ども	「でも、次の朝、……起こしたとさ。」

3 学習目標

(1) 繰り返し音読して、音読の仕方を理解している。
(2) 学習を通して、語りや描写の読み方に気づいている。
(3) 話し合いを通して、人物像の変化を確認している。

4　学習計画（4時間扱い）

「第1時」(1)　全文を一斉音読して、場面ごとに名前をつける。
「第2時」(2)　前半部のいくつかの課題を考え、話し合う。
「第3時」(3)　後半部のいくつかの課題を考え、話し合う。
「第4時」(4)　人物像の変化や、作品全体の感想を話し合う。

5　第1時の学習

(1)　第1時の学習目標……文章をすらすらと一斉音読している。
(2)　第1時の主な発問・指示・説明

1　〔指示〕今日から「モチモチの木」を学習します。題名を読みましょう。　本時の学習内容の提示（題名を大きくはっきり板書する。）

2　〔指示〕先生が文章を読みます。皆さんは教科書を見ながら聞きましょう。　一場面の範読（1分間に350字程度の速さで、淡々と読み、語句の説明もする。）

3　〔指示〕読み方が分からない文字がありましたか。　読み方の確認

4　〔指示〕「……おくびょうなんだろうか――。」の下に「一」と書きましょう。　物語の構成を意識させる

5 〔指示〕一場面をそろえて読みましょう。「全く、豆太ほど……」ハイ（1分2秒）。一斉音読（句読点は語句・文を見やすく区切る記号のため、音読では句読点で息継ぎをしないで、すらすらと読む。）

6 〔発問〕豆太はどんな子どもだと描かれていますか。人物像 解答「おくびょう」

7 〔説明〕一場面には「おくびょうな豆太」と名前をつけます。場面の名づけ

8 〔発問〕（二場面を一斉音読後）「でっかいでっかい木」の名前は何と言いますか。場面の名づけ 解答「モチモチの木」 二場面は「モチモチの木」と名前をつけます。

9 〔発問〕（三場面の一斉音読後）「霜月の二十のうしみつにゃぁ、モチモチの木に灯がともる」ことを、じさまは何と呼んでいますか。場面の名づけ 解答「山の神様のお祭り」 三場面は「山の神様のお祭り」と名前をつけます。

10 〔発問〕（四場面の一斉音読後）腹が痛くなって、うなるだけのじさまを見て、豆太はどのように行動しましたか。人物描写・場面の名づけ 解答「医者様をよびに行った」 四場面は「医者様をよびに行った豆太」と名前をつけます。

11 〔発問〕「もう一つふしぎなものを見た」とありますが、それは何ですか。情景描写 解答例：モチモチの木に、灯がついている。

12 〔発問〕（五場面の一斉音読後）元気になったじさまは、豆太をどのような子どもだったと言ってくれましたか。人物像・場面の名づけ 解答「勇気のある子ども」 五場面は「勇気のある子ども」と名前をつけます。

13 〔指示〕黒板に書いてあることをノートに丁寧に書きましょう。ノートの書き方

14 〔指示〕学習したことを思い出しながら、全文をそろえて読みましょう（5分4秒）。長い文章を集中して読めました。一斉音読（学習の最後に行う一斉音読はまとめの学習になる。授業者の解説は入れない方がよい。）

15 〔説明〕今日は「モチモチの木」を声に出して読み、場面に名前をつけました。学習の意義

16 〔説明〕次の時間は、場面ごとに課題を話し合います。次時の予告

(3) 第1時の授業評価……物語を一斉音読して、音読や場面の名づけの仕方を身につけている。

6　第2時の学習

(1) 第2時の学習目標……前半部のいくつかの課題を考え、話し合う。

(2) 第2時の主な発問・指示・説明

1 〔説明〕今日は「モチモチの木」の一、二、三場面を話し合います。本時の学習内容の提示

2 〔指示〕（一場面の一斉音読後）豆太がおくびょうだということがよく分かるところを、周りの人と話し合いながら四角い枠で囲みましょう。人物描写（以下、課題は周りの人と話し合った後、児童のつぶやきや、指名等で授業を進める。）解答「ところが、……しょうべんもできないのだ。」

3 〔指示〕じさまが、豆太をかわいがっていることが分かるところに線を引きましょう。人物像 解答「じさまは……『しょんべんか。』と、すぐ目をさましてくれる。」

4 〔指示〕「きもすけ」な人を二人言いましょう。登場人物 解答「豆太のおとう、じさま」

5〔指示〕（二場面の一斉音読後）「モチモチの木」と名づけた理由が分かるところを四角い枠で囲みましょう。情景描写 解答「秋になると、茶色い……落っこちるほどうまいんだ。」

6〔指示〕豆太のモチモチの木に対する昼間と夜の態度に、それぞれ線を引きましょう。人物描写 解答：昼間「やい、木ぃ……くせに」夜「木がおこって、……出なくなっちまう。」

7〔指示〕（三場面の一斉音読後）じさまが教えてくれた「山の神様のお祭り」が書いてあるところに線を引きましょう。情景描写 解答「霜月……おまえのおとうも見たそうだ。」

8〔発問〕山の神様のお祭りを見ることができるのは、どのような子どもですか。語り 解答「勇気のある子ども」

9〔指示〕灯がともる様子が詳しく書いてあるところを、四角い枠で囲みましょう。情景描写 解答「木のえだえだの……きれいなんだそうだが。」

10〔説明〕（ノートへの記入と全文の一斉音読後）今日は「モチモチの木」の前半を詳しく読みました。学習の意義

11〔説明〕次の時間は物語の後半を学習します。次時の予告

(3) 第2時の授業評価……前半部の課題を話し合い、人物像や情景描写に気づいている。

7 第3時の学習

(1) 第3時の学習目標……後半部のいくつかの課題を考え、話し合っている。

(2) 第3時の主な発問・指示・説明

1 〔説明〕今日は「モチモチの木」の四、五場面を話し合います。本時の学習内容の提示

2 〔指示〕(四、五場面の一斉音読後)じさまが具合が悪くて苦しんでいることが分かるところを三つ見つけ、線を引きましょう。人物描写 解答:①「頭の上で、くまのうなり声が……ちょっとはらがいてえだけだ。』」②「まくら元で、……じさまだった。」③「じさまは、ころりと……すごくうなるだけだ。」

3 〔指示〕豆太がじさまのために医者様を呼びに行くとき、とても急いでいたことが分かるところに線を引きましょう。人物描写 解答「豆太は、小犬みたいに……ねまきのまんま。はだしで。」

4 〔発問〕豆太が「なきなき走った」のはなぜですか。人物描写 解答例:寒い、夜が暗くてこわい、霜で足をけがして血が出て痛い、じさまが死ぬかと心配している。

5 〔指示〕モチモチの木が、灯がついたように見える理由を言いましょう。情景描写 解答例:とちの木の後ろにちょうど月が出て、星が光り、そこに雪がふって明かりがついたように見える。

6 〔発問〕豆太はずっと勇気のある子どものままでしたか。人物像 解答例:ちがう。また、しょんべんにじさまを起こした。

7 〔説明〕(ノートへの記入と全文の一斉音読後)今日は「モチモチの木」の四、五場面を話し合いました。学習の意義

8 〔説明〕次の時間は人物像の変化や感想を話し合います。次時の予告

(3) 第3時の授業評価……後半部の課題を考え、話し合っている。

8 第4時の学習

(1) 第4時の学習目標……人物像の変化や感想を話し合っている。

(2) 第4時の主な発問・指示・説明・板書計画

1〔説明〕今日は「モチモチの木」の豆太の変化や感想を話し合います。本時の学習内容の提示

2〔発問〕（全文の一斉音読後）この物語にはだれが出てきましたか。呼び方に違いがあるときは、括弧の中に書きましょう。年齢が分かる人はそれもノートに書きましょう。登場人物の確認（異称も含め登場人物を列挙する。登場人物は会話をした人物とする。）解答：豆太（おら、おまえ）……五つ、じさま（自分、おら）……六十四、医者様（年よりじさま）

3〔発問〕初め豆太はどのような子どもでしたか。一人でできないことは何でしたか。初めの人物像 解答例：おくびょう、一人でしょんべんに行けない。

4〔発問〕おくびょうな豆太は、どのような子どもに変化しましたか。また、何を見ましたか。終わりの人物像 解答例：勇気のある子ども、モチモチの木に灯がついているのを見た。

5〔発問〕豆太が変わったきっかけは何ですか。人物像の変化の理由 解答例：じさまのために、医者様を呼びに行ったこと。

6〔指示〕「モチモチの木」の感想を発表しましょう。一人30秒ぐらいです。Aさんから、どうぞ。感想の話し合い（他の人と同じ感想でもよいと話す。思いつかない児童には「後で話します」

と言うように伝える。）

7〔説明〕（ノートへの記入と全文の一斉音読後）今日は、豆太の変化や感想を話し合いました。これで「モチモチの木」の学習を終わります。

学習の意義

(3) 第4時の授業評価……人物像の変化を確かめ、感想を話し合っている。

9 同様に学習できる他の教科書教材

「サーカスのライオン」（東京書籍）
「ゆうすげ村の小さな旅館」（東京書籍）
「つり橋わたれ」（学校図書）
「わにのおじいさんのたから物」（学校図書）
「おにたのぼうし」（教育出版）

―第4時の板書計画―

モチモチの木

○ 登場人物
豆太（おら、おまえ）……五つ
じさま（自分、おら）……六十四
医者様（年よりじさま）

○ 豆太の変化

はじめのようす……おくびょう
一人でしょうべんに行けない。

↑（きっかけ）
じさまのために、医者様を呼びに行ったこと。

終わりのようす……勇気のある子ども
モチモチの木に灯がついているのを見た。

○ 感想

4年

ごんぎつね

東京書籍・学校図書・教育出版・光村図書

1 教材の特徴

(1) 「ごんぎつね」は語りや会話、描写で展開する創作物語で、物語後半には詳細な描写がある。
(2) 物語の冒頭は語りで始まり、昔話の冒頭と類似している。
(3) 「ごん」の変化とそのきっかけが二場面に描かれて山場となり、作品の構造に課題がある。
(4) 「ごん」は「兵十」に償いを続けるが、最後に「兵十」の勘違いから「兵十」に銃で撃たれるという悲劇の物語である。償いが報われないという大人の社会の悲劇を描いている。
(5) 終末は「ごん」が銃で撃たれたという場面のため、「ごん」が死んだかは児童の意見が分かれる。4年の児童の多くは、大人が感動する悲劇を理解できず、「ごん」が生きていることを望む。
(6) 「青いけむりが、まだつつ口から細く出ていました。」という最後の文は、「ごん」の死を象徴している。しかし、情景が詩的に描かれているため、児童はその死を実感しにくい。

2　作品の構成

場面	場面の名づけ	場面の区切り
一	ごんのいたずら	「これは、……のせておきました。」
二	ごんの後かい	「十日ほど……しなけりゃよかった。』」
三	ごんのつぐない	「兵十が、赤い……持っていきました。」
四	ごんのぬすみ聞き	「月のいいばん……引き合わないなあ。』」
五	ごんがうたれる	「その明くる日も、……細く出ていました。」

3　学習目標

(1)　繰り返し音読して、音読の仕方を理解している。

(2)　学習を通して、語りや描写の読み方に気づいている。

(3)　話し合いを通して、人物像の変化を確認している。

4　学習計画（4時間扱い）

「第1時」(1) 全文を一斉音読して、場面ごとに名前をつける。
「第2時」(2) 前半部のいくつかの課題を考え、話し合う。
「第3時」(3) 後半部のいくつかの課題を考え、話し合う。
「第4時」(4) 人物像の変化や、作品全体の感想を話し合う。

5 第1時の学習

(1) 第1時の学習目標……文章をすらすらと一斉音読している。
(2) 第1時の主な発問・指示・説明

1 〔指示〕今日から「ごんぎつね」を学習します。題名を読みましょう。**本時の学習内容の提示**（題名を大きくはっきり板書する。）

2 〔指示〕先生が文章を読みます。皆さんは教科書を見ながら聞きましょう。**一場面の範読**（1分間に350~400字程度の速さで、淡々と読み、語句の説明もする。）

3 〔発問〕読み方が分からない文字がありましたか。**読み方の確認**

4 〔指示〕「……のせておきました。」の下に「一」と書きましょう。**物語の構成を意識させる**

5 〔指示〕一場面をそろえて読みましょう「これは、……」ハイ（3分40秒）。**一斉音読**（句読点は語句・文を見やすく区切る記号のため、音読では句読点で息継ぎをしないで、すらすらと読む。）

6 〔指示〕「菜種がら」をそろえて読みましょう「菜種がら……」ハイ。**一斉音読**（一斉音読は読み誤りや、そろわないとき、そこで止めてから読み直させる。）

7　上手に読めました。一斉音読の評価（一斉音読は必ず褒める。）

8〔説明〕一場面は「ごんのいたずら」と名前をつけます。場面の名づけ（一場面と五場面は名前をつけるのが難しいため、授業者がつけるとよい。）

9〔指示〕（二場面の一斉音読後）二場面の名前を周りの人と話し合いながら、つけましょう。物語の構成を意識させる（書き上げた児童5名が黒板に書く。他の児童は板書を参考にして理想的な答えをノートに書く。）解答例：二場面「ごんの後かい」

10〔説明〕（三、四場面は同じように、一斉音読後、9〔指示〕を行う。五場面は授業者が「ごんがうたれる」と名前をつける。）解答例：三場面「ごんのつぐない」　四場面「神様のしわざ」

11〔指示〕学習したことを思い出しながら、全文をそろえて読みましょう。「これは……」ハイ（11分43秒）。長い文章を全部読めました。一斉音読（学習の最後に行う一斉音読はまとめの学習になる。授業者の解説は入れない方がよい。）

12〔説明〕今日は「ごんぎつね」を声に出して読み終えました。学習の意義

13〔説明〕次の時間は、場面ごとに課題を話し合います。次時の予告

⑶　第1時の授業評価……物語を一斉音読して、音読の仕方を身につけている。

6　第2時の学習

(1) 第2時の学習目標……前半部のいくつかの課題を考え、話し合っている。

(2) 第2時の主な発問・指示・説明

1〔説明〕今日は「ごんぎつね」の一、二、三場面を話し合います。本時の学習内容の提示

2〔指示〕(一場面の一斉音読後) ごんは、どんなきつねですか。周りの人と話し合いましょう。人物像 (以下、課題は周りの人と話し合った後、児童のつぶやきや、指名等で授業を進める。) 解答例：ひとりぼっちの小ぎつね。森の中に、あなをほって住んでいる。いたずらばかりしている。

3〔指示〕ごんがいたずらしている物を三つ探して囲みましょう。人物像 解答：いも、菜種がら、とんがらし

4〔発問〕ごんはなぜ、いたずらばかりしますか。人物像 解答例：ひとりでさびしいから、ひとりぼっちでつまらないから、かまってほしいから、だれかと遊びたいから

5〔指示〕雨上がりで晴れている様子を表す文を二つ見つけ、線を引きましょう。情景描写 解答例「空はからっと……ひびいていました。」「あたりの……光っていました。」

6〔説明〕もずの声や、雨のしずくが光っている様子など音や光で描くことで、雨上がりの様子を表しています。情景描写の説明

7〔発問〕「はちまきをした顔の横っちょうに、円いはぎの葉が一まい、大きなほくろみたいにへばりついていました。」この文から分かる兵十の様子は次の二つのうちどちらですか。①葉を顔にわざとつけてふざけている様子、②一生けんめいうなぎをとっている様子 人物描写 解答：②

8〔発問〕ごんは「ちょいと、いたずらがしたくなったのです。」と軽い気持ちで兵十にいたずらを

します。どんないたずらをしましたか。人物描写 解答例：びくの中の魚を川に投げこんだ。

9〔指示〕（二場面の一斉音読後）ごんが「ああ、そうしきだ。」と分かったのは、何を見たからですか。線を引きましょう。情景描写 解答：お歯黒、かみをすいて、おおぜいの人、よそ行きの着物、こしに手ぬぐい、火をたいて、大きななべ

10〔発問〕よく晴れた秋の日の静かな様子を、光、色、音で表しています。そこを四角い枠で囲みましょう。情景描写 解答「いいお天気で、……かねが鳴ってきました。」

11〔指示〕穴の中でごんが考えています。そのほとんどがごんの想像です。ごんが実際に見たことや行ったことが書いてある文を一つずつ見つけて線を引きましょう。語り 解答：見たこと「それで、……あみを持ち出したんだ。」 行ったこと「ところが、……うなぎを取ってきてしまった。」

12〔指示〕ごんの後悔していることが分かる一言を見つけ、線を引きましょう。会話 解答「ちょっ、あんないたずらをしなけりゃよかった。」

13〔発問〕（三場面の一斉音読後）うなぎの償いに、ごんは一番初めに何を行いましたか。人物描写 解答例：兵十の家の中にいわしを投げこんだ。

14〔発問〕ごんは償いをしたつもりですが、兵十にはどのような結果が待っていましたか。人物描写 解答例：ほっぺたにかすりきずができ、ぬすびとと思われて、いわし屋にひどいめにあわされた。

15〔発問〕いわしで失敗したごんは、償いとしてその後何をしましたか。人物描写 解答例：くりと松たけを兵十の家へ持っていった。

16〔指示〕黒板をノートに書き写しましょう。ノートの書き方
17〔説明〕（全文の一斉音読後）今日は「ごんぎつね」の一から三場面を話し合いました。学習の意義
18〔説明〕次の時間は「ごんぎつね」の四、五場面を話し合います。次時の予告
(3) 第2時の授業評価……前半部のいくつかの課題を話し合い、人物像や文体に気づいている。

7 第3時の学習

(1) 第3時の学習目標……後半部のいくつかの課題を考え、話し合っている。
(2) 第3時の主な発問・指示・説明
1〔説明〕今日は「ごんぎつね」の四、五場面を話し合います。本時の学習内容の提示
2〔指示〕（四場面の一斉音読後）ごんの周りがとても静かだということが分かる文を三つ探し、線を引きましょう。情景描写 解答「話し声が聞こえます。チンチロ……鳴いています。話し声は……近くなりました。」
3〔発問〕四場面で兵十の会話に兵、加助の会話には加と書きましょう。会話 解答：兵「そうそう、なあ、加助」 加「ああん。」 兵「おれあ、このごろ、とても不思議……」以下、省略。
4〔発問〕ごんがお念仏がすむまで井戸のそばにしゃがんでいたのは、なぜですか。①お念仏が聞きたかったから、②兵十と加助の話の続きが聞きたかったから、①だと思う人。②だと思う人。心理的表現 解答：②

5〔説明〕ごんはくりや松たけをくれているのが自分だと兵十が気づいているかを、確かめたかったんですね。人物描写

6〔発問〕「兵十のかげぼうしをふみふみ行きました。」から分かることは次の二つのうちどちらですか。①ごんは兵十が憎らしい、②ごんは兵十に親しみを感じている。人物描写 解答：②

7〔指示〕加助が「毎日、神様にお礼を言うがいいよ。」と言ったのを聞いて、ごんはどう思いましたか。それが分かるひとり言を四角い枠で囲みましょう。会話 解答「へえ、こいつは……引き合わないなあ。」

8〔発問〕（五場面の一斉音読後）兵十が「ごん、おまいだったのか、いつも、くりをくれたのは。」と言ったことに対する、ごんの行動に線を引きましょう。人物描写 解答「ごんは、ぐったりと目をつぶったまま、うなずきました。」

9〔説明〕（ノートへの記入と全文の一斉音読後）今日は「ごんぎつね」の四、五場面を話し合いました。学習の意義

10〔説明〕次の時間は「ごんぎつね」の感想を話し合います。次時の予告

(3) 第3時の授業評価……後半部のいくつかの課題を話し合い、人物像や文体に気づいている。

8 第4時の学習

(1) 第4時の学習目標……人物像の変化や感想を話し合っている。

(2) 第4時の主な発問・指示・説明・板書計画

1〔説明〕今日はごんの変化や感想を話し合います。本時の学習内容の提示

2〔指示〕(全文の一斉音読後)「ごん」は物語の中で何と呼ばれていましたか。話し合いながら、ノートに全部書きましょう。登場人物の確認 (以下、課題は話し合う。) 解答例：ごんぎつね、小ぎつね、ごん、ぬすっとぎつね、あのごんぎつね、わし、おれ、おまい

3〔指示〕「ごんぎつね」のごん以外、登場した人物を順番にノートに全部書きましょう。呼び方に違いがあるときは、括弧の中に書きましょう。登場人物の確認 (異称も含め登場人物を列挙する。登場人物は会話をした人物とする。) 解答例：兵十(おれ)、弥助の家内(弥助のおかみさん)、新兵衛の家内、いわし売り(いわし屋)、加助

4〔発問〕ごんは最初何をするきつねでしたか。初めの人物像 解答：いたずらばかりするきつね

5〔発問〕最後に何をするきつねになりましたか。終わりの人物像 解答：つぐないをするきつね

6〔発問〕ごんの変化のきっかけは何ですか。人物像の変化の理由 解答例：後かい

7〔指示〕「ごんぎつね」の感想を発表しましょう。一人30秒ぐらいです。Aさんから、どうぞ。感想の話し合い (他の人と同じ感想でもよいと話す。思いつかない児童には「後で話します」と言うように伝える。)

8〔説明〕(ノートへの記入と全文の一斉音読後) これで「ごんぎつね」の学習を終わります。学習の意義

(3) 第4時の授業評価……人物像の変化を確かめ、感想を話し合っている。

9 同様に学習できる他の教科書教材

「一つの花」（東京書籍、学校図書、教育出版、光村図書）
「白いぼうし」（光村図書、学校図書、教育出版）
「なまえつけてよ」（光村図書）

―第4時の板書計画―

ごんぎつね

○ 登場人物
ごん（ごんぎつね、小ぎつね、ぬすっとぎつね、あのごんぎつね、わし、おれ、おまい）
兵十（おれ）
弥助の家内（弥助のおかみさん）
新兵衛の家内
いわし売り（いわし屋）
加助

○ ごんの変化
はじめのようす……いたずらばかりするきつね
↓
（きっかけ）後かい
終わりのようす……つぐないをするきつね

○ 感想

5年

大造じいさんとガン

東京書籍・学校図書・教育出版・光村図書

1 教材の特徴

(1) 「大造じいさんとガン」は山場に詳細な描写があり、近代小説の入門期作品に位置づけられる。

(2) 物語の初めと終わりで、物語の報告者である「大造じいさん」の「残雪」に対する見方が変化している。

(3) 猟師である「大造じいさん」の作戦と、ガンの頭領である「残雪」との知恵比べが、物語の骨組みになっている。

(4) 夜明けの空の描写や、羽が空に舞い散る描写など、情景を美しく描いている。

(5) 仲間を助けるために「残雪」がハヤブサと戦う場面が山場で、物語の主題であるリーダーの英雄的決断が表れている。椋鳩十作品の多くは山場の描写に主題が表現されている。

(6) 冒頭で「大造じいさん」を紹介している教科書は光村図書一社で、他は本文から始まっている。

2 作品の構成

場面	場面の名づけ	場面の区切り
語り	大造じいさんのしょうかい	「知り合いの……この物語をお読みください。」
一	ウナギつりばり作戦	「今年も、残雪は、……感じたのでありました。」
二	タニシばらまき作戦	「その翌年も、……うなってしまいました。」
三	おとり作戦、準備	「今年もまた、……待つことにしました。」
四	おとり作戦、戦闘	「『さあ、いよいよ……気がしませんでした。」
五	残雪の旅立ち	「残雪は、……見守っていました。」

3 学習目標

(1) 繰り返し音読して、音読の仕方を理解している。
(2) 学習を通して、語りや描写の読み方に気づいている。
(3) 話し合いを通して、人物像の変化を確認している。

4 学習計画（4時間扱い）

「第1時」(1) 全文を一斉音読して、場面ごとに名前をつける。
「第2時」(2) 前半部のいくつかの課題を考え、話し合う。
「第3時」(3) 後半部のいくつかの課題を考え、話し合う。
「第4時」(4) 人物像の変化や、作品全体の感想を話し合う。

5 第1時の学習

(1) 第1時の学習目標……文章をすらすらと一斉音読している。
(2) 第1時の主な発問・指示・説明

1〔指示〕今日から「大造じいさんとガン」を学習します。題名を読みましょう。**本時の学習内容の提示**（題名を大きくはっきり板書する。）

2〔指示〕先生が文章を読みます。皆さんは教科書を見ながら聞きましょう。**「語り」の場面の範読**（1分間に400字程度の速さで、淡々と読み、語句の説明もする。）

3〔発問〕読み方が分からない文字がありましたか。**読み方の確認**

4〔指示〕「……お読みください。」の下に「語り」と書きましょう。**物語の構成を意識させる**

5 〔指示〕「語り」の場面をそろえて読みましょう。「知り合いの……」ハイ（1分15秒）。一斉音読（句読点は語句・文を見やすく区切る記号のため、音読では句読点で息継ぎをしないで、すらすらと読む。）

6 〔説明〕「語り」の場面は、「大造じいさんのしょうかい」と名前をつけます。場面の名づけ

7 〔指示〕一場面をそろえて読みましょう「今年も、……」ハイ（3分5秒）。

8 〔指示〕「え」とは「えさ」のことです。「えをあさっている間も」をそろえて読みましょう。他の人の声を聞きながら、もう一度、読みましょう。「仲間がえをあさっている間も、……」ハイ。一斉音読（一斉音読は読み誤りや、そろわないとき、そこで止めてから読み直させる。）

9 〔説明〕すらすらと上手に読めました。一斉音読の評価（一斉音読は必ず褒める。）

10 〔説明〕一場面は「ウナギつりばり作戦」と名前をつけます。場面の名づけ（一場面と五場面は名前をつけるのが難しいため、授業者がつけるとよい。）

11 〔指示〕（二場面の一斉音読後）二場面の名前を周りの人と話し合いながら、つけましょう。物語の構成を意識させる（書き上げた児童5名が黒板に書く。他の児童は板書を参考にして理想的な答えをノートに書く。）解答例：二場面「タニシばらまき作戦」

12 （三、四場面は同じように、一斉音読後、11〔指示〕を行う。五場面は授業者が「残雪の旅立ち」と名前をつける。）解答例：三場面「おとり作戦、準備」四場面「おとり作戦、戦闘」

13 〔指示〕学習したことを思い出しながら、全文をそろえて読みましょう。「知り合いの……」ハイ（11分30秒）。長い文章を読めました。一斉音読（学習の最後に行う一斉音読はまとめの学習にな

る。授業者の解説は入れない方がよい。）

14〔説明〕今日は「大造じいさんとガン」を声に出して読み終えました。学習の意義

15〔説明〕次の時間は、場面ごとに課題を話し合います。次時の予告

(3) 第1時の授業評価……物語を一斉音読して、音読の仕方を身につけている。

6 第2時の学習

(1) 第2時の学習目標……前半部のいくつかの課題を考え、話し合っている。

(2) 第2時の主な発問・指示・説明

1〔説明〕今日は「大造じいさんとガン」の一、二場面を話し合います。本時の学習内容の提示

2〔指示〕（二場面の一斉音読後）大造じいさんが残雪を忌々しく思っていたのは、なぜですか。それが分かるところに線を引きましょう。周りの人と話し合いましょう。人物像（以下、課題は周りの人と話し合った後、児童のつぶやきや、指名等で授業を進める。）解答「残雪が来るように……できなくなった。」

3〔指示〕大造じいさんが前々から考えておいた特別な方法では、四つのものを使っています。そこに線を引きましょう。語り 解答：くい、ウナギつりばり、タニシ、たたみ糸

4〔指示〕一場面から秋の風景を表した一文を探して、線を引きましょう。情景描写 解答「秋の日が、美しくかがやいていました。」

5〔発問〕ウナギつりばり作戦の一日目には、一羽だけ生きているガンが手に入りました。二日目の作戦は成功しましたか。**知恵** 解答：失敗した。

6〔発問〕作戦が失敗した理由は次の二つのうち、どちらですか。①タニシにつりばりがついていることを残雪に見破られたから、②つりばりの糸がのびてしまったから。**知恵** 解答：①

7〔発問〕（二場面の一斉音読後）タニシばらまき作戦のために、大造じいさんが用意したものは何ですか。**語り** 解答：タニシ五俵、小さな小屋、りょうじゅう

8〔指示〕朝の美しい風景を描いた一文を探して、線を引きましょう。**情景描写** 解答「あかつきの光が、小屋の中にすがすがしく流れこんできました。」

9〔指示〕大造じいさんが緊張していることが分かる一文を探して、線を引きましょう。**人物描写** 解答「りょうじゅうをぐっと……引きしまるのでした。」

10〔発問〕タニシばらまき作戦は成功しましたか。**知恵** 解答：失敗した。

11〔発問〕作戦が失敗したのは、なぜですか。**知恵** 解答例：残雪が昨日までなかった小屋を見て、本能的に危険を感じて近づかなかったため。

12〔説明〕（ノートへの記入と全文の一斉音読後）今日は「大造じいさんとガン」の一、二場面を話し合いました。**学習の意義**

13〔説明〕次の時間は「大造じいさんとガン」の三、四、五場面を話し合います。**次時の予告**

(3) 第2時の授業評価……前半部のいくつかの課題を話し合い、知恵や文体に気づいている。

7 第3時の学習

(1) 第3時の学習目標……後半部のいくつかの課題を考え、話し合っている。

(2) 第3時の主な発問・指示・説明

1 〔説明〕今日は「大造じいさんとガン」の三、四、五場面を話し合います。本時の学習内容の提示

2 〔指示〕（三場面の一斉音読後）大造じいさんが今度の作戦に自信をもっていることが分かるところに線を引きましょう。会話・人物描写 解答『うまくいくぞ。』……にっこりとしました。」

3 〔発問〕おとり作戦で大造じいさんが用意したものは何ですか。語り 解答：おとりのガン、昨年建てた小屋、りょうじゅう

4 〔指示〕（四場面の一斉音読後）空の様子を美しく描いた一文に線を引きましょう。情景描写 解答「東の空が真っ赤に燃えて、朝が来ました。」

5 〔指示〕おとり作戦が始まる直前に、緊張している大造じいさんの様子を詳しく描いているところを四角い枠で囲みましょう。人物描写 解答「大造じいさんのむねは、……ぬらしました。」

6 〔指示〕ハヤブサが突然現れる様子を描いた一文を探して、線を引きましょう。人物描写 解答「ガンの群れを目がけて、……落ちてきました。」

7 〔発問〕ハヤブサの攻撃から、おとりのガンだけ逃げ遅れたのはなぜですか。語り 解答例：長い

間、大造じいさんに飼いならされていたので、野鳥としての本能がにぶっていた。

8〔指示〕残雪とハヤブサの空中での激しい戦いの様子が詳しく描かれているところを四角い枠で囲みましょう。場面の描写 解答「いきなり、てきにぶつかって……ぬま地に落ちていきました。」

9〔指示〕ハヤブサが飛び去った後、大造じいさんに対する残雪の態度が描かれているところを四角い枠で囲みましょう。人物描写 解答「残雪は、むねの辺りを……ようでありました。」

10〔指示〕（五場面の一斉音読後）花の様子を美しく描いた一文に線を引きましょう。情景描写 解答「らんまんとさいた……はらはらと散りました。」

11〔指示〕大造じいさんが残雪に語っている言葉を四角い枠で囲みましょう。会話・人物描写 解答「おうい、ガンの英雄よ。……また堂々と戦おうじゃあないか。」

12〔説明〕（ノートへの記入と全文の一斉音読後）今日は「大造じいさんとガン」の三、四、五場面を話し合いました。学習の意義

13〔説明〕次の時間は「大造じいさんとガン」の感想を話し合います。次時の予告

(3) 第3時の授業評価……後半部のいくつかの課題を話し合い、描写や会話の文体に気づいている。

8 第4時の学習

(1) 第4時の学習目標……人物像の変化に気づき、感想を話し合っている。

(2) 第4時の主な発問・指示・説明・板書計画

1〔説明〕今日は、残雪の変化や感想を話し合います。**本時の学習内容の提示**

2〔指示〕（全文の一斉音読後）物語に登場した順に人物をノートに書きましょう。呼び方に違いがあるときは、括弧の中に書きましょう。**登場人物の確認**（異称も含め登場人物を列挙する。登場人物は原則、会話をした人物とする。）解答例：大造じいさん（おれ）、残雪（りこうなやつ、かれ、ガンの英雄、えらぶつ）、おとりのガン、ハヤブサ

3〔指示〕初め、残雪は大造じいさんからどのように思われていましたか。文章から探しましょう。**初めの人物像** 解答例「いまいましく思っていた」「たかが鳥」

4〔発問〕最後に、大造じいさんは残雪をどのように思っていましたか。文章から探しましょう。**終わりの人物像** 解答例「ただの鳥ではない」「ガンの英雄」「えらぶつ」

5〔発問〕大造じいさんは初め、残雪を忌々しく思っていましたが、終わりには「ガンの英雄」と呼びかけるように、残雪に対する見方が変わりました。大造じいさんは、物語の報告者の役割を担っています。このように残雪の人物像が変化したきっかけは何ですか。**人物像の変化の理由** 解答例：仲間のために戦った、命がけで仲間を救った

6〔指示〕「大造じいさんとガン」の感想を発表しましょう。一人30秒ぐらいです。Aさんから、どうぞ。**感想の話し合い**（他の人と同じ感想でもよいと話す。思いつかない児童には「後で話します」と言うように伝える。）

7〔指示〕黒板に書いてあることをノートに丁寧に書き写しましょう。**ノートの書き方**

8〔指示〕「大造じいさんとガン」で学習したことを思い出しながら、全文をそろえて読みましょう。

「知り合いの……」ハイ（11分30秒）。よくそろうようになりました。一斉音読

9〔説明〕これで「大造じいさんとガン」の学習を終わります。学習の意義

(3) 第4時の授業評価……人物像の変化や、感想を話し合っている。

9 同様に学習できる他の教科書教材

「注文の多い料理店」（東京書籍、学校図書）

「雪わたり」（教育出版）

「なまえつけてよ」（光村図書）

「カレーライス」（光村図書）

―第4時の板書計画―

大造じいさんとガン

○ 登場人物

大造じいさん（おれ）

残雪（りこうなやつ、かれ、ガンの英雄、えらぶつ）

おとりのガン

ハヤブサ

○ 残雪の変化

残雪の初めの様子……いまいましいたかが鳥

↓きっかけ……残雪が命がけで仲間を救う

残雪の終わりの様子……ガンの英雄

○ 感想

6年

海の命

東京書籍・光村図書

1　教材の特徴

(1)「海の命」は海や「クエ」の描写を中心とした作品である。「海の命」を考えることで、児童が自分の生き方や自然と生命への畏怖の念について、考えを深めることができる。

(2)「父」と「与吉じいさ」の婉曲的な死や、唐突な登場を意味する母のセリフ、主人公「太一」の急な結婚など、状況や背景の説明がないまま作品が進行する。このように、象徴的な詩的表現を用いて、イメージによってストーリーが展開するため、散文詩の性質をもつといえる。

(3)「太一」の成長を表す人物描写が少なく、父を失った少年「太一」が、村一番の漁師として成長する様子が詩的なイメージで描かれている。そのため、児童が実感を得にくい。

(4)「太一」の少年期から壮年期までの生涯が六つの場面で構成され、場面の展開は明快である。

(5)海や海の生き物の様子が、色彩や光の表現によって鮮やかに描写されている。

2 作品の構成

場面	場面の名づけ	場面の区切り
一	父とクエ	「父もその父も、……方法はなかったのだった。」
二	与吉じいさに弟子入り	「中学校を卒業する……ブリになったりした。」
三	与吉じいさの死	「弟子になって……帰っていったのだ。」
四	もぐり続ける太一	「ある日、母は……興味をもてなかった。」
五	巨大なクエと出会う	「追い求めているうちに、……命だと思えた。」
六	村一番の漁師太一	「やがて、太一は……話さなかった。」

3 学習目標

(1) 音読を繰り返して、全員が文字・文章を正確に読めるようにする。
(2) 全文の構成を把握するために作品を一から六に分けて名前をつけ、内容、表現等を話し合う。
(3) 各人が作品に対して個性的な感想をもつ。

4　学習計画（4時間扱い）

「第1時」(1)　一斉音読を繰り返して正確に読めるようにし、作品の構成を掴む。
「第2時」(2)　一から三場面を一斉音読し、内容・表現を話し合う。
「第3時」(3)　四から六場面を一斉音読し、内容・表現を話し合う。
「第4時」(4)　全文を通読し、各自が感想を述べ合う。

5　第1時の学習

(1)　第1時の学習目標……文章を一斉音読し、場面に名前をつけている。
(2)　第1時の主な発問・指示・説明

1〔指示〕今日から「海の命」を学習します。題名を読みましょう。本時の学習内容の提示（題名を大きくはっきり板書する。）

2〔指示〕教科書を持って、「方法はなかったのだった。」まで、声をそろえて読みます。「父もその父も、……」ハイ（1分16秒）。一斉音読（一斉音読は読み誤りや、そろわないとき、そこで止めてから読み直させる。句読点は語句・文を見やすく区切る記号のため、音読では句読点で息継ぎをしないで、すらすらと読む。）

3〔説明〕上手に読めました。一斉音読の評価（一斉音読は必ず褒める。）

4〔指示〕「方法はなかったのだった。」の下に「一」と書きましょう。ノートの上の方に、「一」と書きましょう。作品の構成を意識させる

5〔説明〕一場面は「父とクエ」と名前をつけます。場面の名づけ（最初は授業者が決める。二場面から話し合いで決める。この学習の目的は「積極的な読み」を促すためである。）

6〔指示〕続きを読みます。「ブリになったりした。」までです。「中学校を……」ハイ（1分25秒）。一斉音読 ハイ、上手です。

7〔指示〕「ブリになったりした。」の下に、「二」と書きます。ノートの上の方に、「二」から8行空けて「二」と書きます。作品の構成を意識させる

8〔指示〕「二」に名前をつけましょう。話し合いましょう。場面の名づけ（以下、場面の名前は児童数人が板書し、一つに決める。分かりやすさが基準である。）解答例「与吉じいさに弟子入り」

9〔指示〕続きを読みます。「帰っていったのだ。」までです。「弟子になって……」ハイ（1分）。一斉音読 ハイ、上手です。

10〔指示〕「帰っていったのだ。」の下に、「三」と書きます。ノートの上の方に、「二」から8行空けて「三」と書きます。作品の構成を意識させる

11〔指示〕「三」に話し合いながら、名前をつけましょう。場面の名づけ 解答例「与吉じいさの死」

12〔四、五、六場面は同じように、6〔指示〕から8〔指示〕を行う。〕解答例：四場面「もぐり続ける太一」五場面「巨大なクエと出会う」六場面「村一番の漁師太一」

13〔説明〕（全文の一斉音読後）今日は各場面を音読して、名前をつけました。学習の意義
14〔説明〕次の時間は一から三場面を詳しく学習します。次時の予告
(3) 第1時の授業評価……文章をすらすらと一斉音読し、場面に適切な名前をつけている。

6 第2時の学習

(1) 第2時の学習目標……前半部のいくつかの課題を考え、話し合っている。
(2) 第2時の主な発問・指示・説明

1〔説明〕今日は「海の命」の一から三場面を話し合います。本時の学習内容の提示
2〔指示〕一場面の名前は何でしたか。皆さんで言いましょう。作品の構成の確認 解答「父とクエ」
3〔指示〕（一場面の一斉音読後）ふつう、「先祖代々の漁師だった」のように書く内容が、この作品ではどのように書いてあるか、線を引きましょう。散文詩の性質（以下、課題は周りと話し合った後、児童のつぶやきや、数名の指名等で授業を進める。）解答「父もその父も、……住んでいた。」
4〔説明〕このように象徴的な詩的表現で作品を語る形式を「散文詩」といいます。ノートに書きましょう。散文詩の性質（第一時で8行開けたところに書く。これ以降も各場面に関する記述は同じ。）

5〔発問〕「太一はこう言ってはばからなかった」の意味は、次の三つのうちどれですか。文学的表現 ①太一は遠慮しながら言った、②太一はばかばかしいことを言った、③太一は堂々と断言した。（選択肢の課題は児童全員が挙手する。）解答：③

6〔指示〕父の死を表す文を10字でノートに書きましょう。人物描写 解答「水中でこときれていた」

7〔指示〕一場面を三つの節に区切って、名前をつけましょう。話し合ってよいです。節の名づけ（以下、節の名前は数人が板書し、一つに決める。分かりやすさが基準である。）解答例：1節「海と太一」（「父も……」）2節「父はもぐりの漁師」（「父は……」）3節「父とクエ」（「ある日、……」）

8〔発問〕一場面の中で、「クエ」が神秘的な存在であることが分かる一言を言いましょう。人物描写 解答「光る緑色の目をしたクエ」

9〔指示〕（二場面の一斉音読後）二場面を4節と5節の二つに区切って、名前をつけましょう。節の名づけ 解答例：4節「与吉じいさは一本釣りの漁師」（「中学校……」）5節「与吉じいさは教えない」（「与吉じいさ……」）

10〔指示〕二場面の中で、与吉じいさが釣りの名人と分かるところを四角い枠で囲みましょう。人物描写 解答「与吉じいさは瀬に着くや、……船全体を共鳴させている。」

11〔発問〕「千びきに一ぴきでいい……」という与吉じいさの言葉の意味は次の三つのうちどれですか。人物描写 ①千びきに一ぴきくらいの割合で、非常に価値の高い魚がいる、②多くの海の恵み

のうち、ほんの一部を捕ることができれば十分だ、③千びき中九九九ひきは捨てている。解答：②

12〔指示〕（三場面の一斉音読後）三場面を6節と7節の二つに区切って、名前をつけましょう。節の名づけ 解答例：6節「おまえは村一番の漁師だ」（「弟子に……」）7節「与吉じいさも海に帰った」（「船に……」）

13〔説明〕今日は一から三場面を話し合いました。学習の意義

14〔説明〕（ノートへの記入と一から三場面の一斉音読後）次の時間は、四から六場面を学習します。次時の予告

(3) 第2時の授業評価……前半部の課題を考え、節の名前や描写を話し合っている。

7 第3時の学習

(1) 第3時の学習目標……後半部のいくつかの課題を考え、話し合っている。

(2) 第3時の主な発問・指示・説明

1〔説明〕今日は「海の命」の四から六場面を話し合います。本時の学習内容の提示

2〔発問〕四場面の名前は何でしたか。作品の構成の確認 解答「もぐり続ける太一」

3〔指示〕（四場面の一斉音読後）四場面を二つの節に区切って、名前をつけましょう。話し合ってよいです。節の名づけ 解答例：8節「太一は復讐の準備を整えた」（「ある日、……」）9節「父の海に来た」（「いつもの……」）

4　〔指示〕海の美しさが分かる文に線を引きましょう。情景描写　解答「海中に……交差する。」

5　〔指示〕（五場面の一斉音読後）五場面を四つの節に区切って、名前をつけましょう。節の名づけ　解答例：10節「青い宝石の目」（「追い求めて……」）11節「瀬の主か」（「興奮して……」）12節「おだやかな目」（「もう一度……」）13節「大魚は海の命だ」（「水の中で……」）

6　〔指示〕10節で、「クエ」の様子が分かるところを四角い枠で囲みましょう。人物描写　解答「同じ所に同じ青い目……こえているだろう。」

7　〔指示〕太一が父のかたきをうつ気だと分かるところを10から12節の中で三つ探して、線を引きましょう。心理的表現　解答：10節「夢は実現するものだ」11節「自分の追い求めてきたまぼろしの魚」12節「この大魚は自分に殺されたがっている」

8　〔指示〕太一が父のかたきをうつ気がなくなったことが分かる行動と会話を13節から探して、それぞれ線を引きましょう。人物描写　解答：行動「水の中で……えがおを作った。」会話「おとう、……来ますから。」

9　〔指示〕（六場面の一斉音読後）六場面を二つの節に区切って、名前をつけましょう。節の名づけ　解答例：14節「幸福な一家」（「やがて、……」）15節「太一の秘密」（「太一は……」）

10　〔説明〕今日は四から六場面を話し合いました。学習の意義

11　〔説明〕（ノートへの記入と全文の一斉音読後）次の時間は、作品の感想を話し合います。次時の予告

(3)　第3時の授業評価……後半部の課題を考え、節の名前や描写を話し合っている。

8　第4時の学習

(1)　第4時の学習目標……各人が作品に対して、感想をもっている。

(2)　第4時の主な発問・指示・説明・板書計画

1〔説明〕今日は「海の命」の最後の授業です。全員が感想を発表します。本時の学習内容の提示

2〔指示〕（全文の一斉音読後）作品に登場した順に人物をノートに書きましょう。呼び方に違いがあるときは、括弧の中に書きましょう。登場人物の確認（異称も含め登場人物を列挙する。登場人物は会話をした人物とするので「村のむすめ・子ども」は登場人物に入れない。）解答例：太一（ぼく、弟子、おまえ）、父（おとう）、与吉じいさ（わし）、母（私、美しいおばあさん）、瀬の主（クエ、大魚、海の命）

3〔発問〕太一は初め、何になりたがっていましたか。初めの人物像　解答例：漁師

4〔発問〕太一は作品の終わりでどのような漁師になりましたか。終わりの人物像　解答「村一番の漁師」

5〔指示〕太一が変化したきっかけは何ですか　人物像の変化の理由　解答例：与吉じいさの教えのとおり、漁に取り組んだ。瀬の主と出会ったが、殺さなかった。瀬の主は海の命だと思った。

6〔指示〕（全文の一斉音読後）一人30秒くらいで、順番に感想を発表します。他の人の感想には、自分が表現しようとしている感想の言葉よりも、より深い言葉を発見することがあります。これが

感想を話し合う理由です。ときには、先に発表した人と同じような感想になることもあります。それでも、少しもかまいません。**感想発表**

7〔説明〕いろいろな考えをもって「海の命」を読むことができました。**感想発表の意義**

8〔説明〕（ノートへの記入と全文の一斉音読後）これで「海の命」の授業を終わります。**学習の意義**

(3) 第4時の授業評価……人物像の変化に気づき、各人が作品に個性的な感想をもっている。

9 同様に学習できる他の教科書教材

「風切るつばさ」（東京書籍）
「服を着たゾウ」（学校図書）
「川とノリオ」（学校図書、教育出版）
「帰り道」（光村図書）

―第4時の板書計画―

海の命

○ 登場人物
太一（ぼく、弟子、おまえ）
父（おとう）
与吉じいさ（わし）
母（私、美しいおばあさん）
瀬の主（クエ、大魚、海の命）

○ 太一の変化

初めの様子……漁師になりたがっている。

（きっかけ）
与吉じいさの教えのとおり、漁に取り組んだ。
瀬の主と出会ったが、殺さなかった。
瀬の主は海の命だと思った。

↓

終わりの様子……村一番の漁師

○ 感想

おわりに

本書は、小学校国語科の読み方指導の全体を簡潔に示しました。論理的文章と文学的文章とは異なる性質であるため、教え方が違うという点を重視しています。

研究授業やその後の協議会などで、小学校の先生方は国語は教えにくい、何を教えたらいいのかがはっきりしない、子どもの学力が向上したか実感しにくいと、よく話されています。年度末、他教科の授業時数が不足すると、国語科授業をあてることになるとも聞きます。

教科の多くは教科書の文章が読めないと、学習内容を理解できず、定着も図れません。ところが、教科書教材をよく読めない子どもが学級の2、3割は存在するのが、公立小学校の現状です。国語科で最も授業時数が多い「読むこと」の授業改善が必須だと考えました。4時間で終わる定番教材の読み方指導を、発問等をセリフで記述することで、イメージしやすいように提案しました。

明治図書・林知里様には、本書の意義を認めていただきました。本書の企画や構想、形式をはじめとして、多大なお力をいただくことで、出版に至りました。心から深く感謝申し上げます。

本書は、恩師である市毛勝雄先生（一九三一～二〇一七年）が提唱された「はじめ・なか・まとめ・むすび」という構成（『説明文の読み方・書き方』明治図書、一九八五年）及び描写（『文学教材の授業改革論』明治図書、一九九七年）を理論的な根拠にしています。

本書に載せた教え方で学習し、子どもが「国語は分かる」と話すようになることを期待しています。

二〇二三年五月

長谷川　祥子

【編著者紹介】

長谷川　祥子

青山学院大学教授。1987年埼玉大学教育学部卒業，2006年早稲田大学大学院教育学研究科博士後期課程満期修了。1987年から東京都公立学校教諭，2013年より北海道教育大学を経て，2017年より青山学院大学勤務。

小川　智勢子　環太平洋大学

西山　悦子　東京都台東区立田原小学校

渡辺　真由美　埼玉県越谷市立武蔵野中学校

【執筆者】

岩口　翼　湘南学園中学校高等学校

加賀谷いづみ　北海道札幌市立元町中学校

木下　由梨　北海道札幌市立屯田南小学校

髙橋　翔太　北海道札幌市立青葉中学校

小学校国語　論理的に考える子どもを育てる
説明文・文学の読み方指導

2023年7月初版第1刷刊　©編著者　長谷川　祥子
小川　智勢子
西山　悦子
渡辺　真由美
発行者　藤原　光政
発行所　明治図書出版株式会社
http://www.meijitosho.co.jp
(企画)林 知里 (校正)粟飯原淳美
〒114-0023　東京都北区滝野川7-46-1
振替00160-5-151318　電話03(5907)6703
ご注文窓口　電話03(5907)6668

＊検印省略　組版所　広研印刷株式会社

Printed in Japan　ISBN978-4-18-223421-7